シニアシングルズ
女たちの知恵と縁

大矢さよ子・湯澤直美 編
わくわくシニアシングルズ 著

大月書店

はじめに

本書の著者である「わくわくシニアシングルズ」は、中高年齢期のシングル女性が交流し、支え合って、希望のある心豊かな暮らしをつくりだしていこうという思いのもと、二〇一四年から活動を始めています。シングルと言っても、ひとくくりにはできません。ずっと単身で暮らしてきた女性、パートナーとの離婚や死別によって単身となった女性、非婚で出産して子どもと暮らしてきた女性など、女性のライフコースのなかでは、さまざまな暮らし方があり、それぞれの人生の歴史があります。最近では、子どもの貧困対策が注目され、ようやく母子家庭の子どもの福祉などの改善の必要性に社会の目が注がれるようになりました。しかし、子どもが成人したのちにも続くシングルマザーとしての人生があり、そこには女性の貧困問題や介護負担、孤立化や健康問題などが集積していても、社会の関心はなかなか集まりません。

交流や情報交換をメインにして集っているなかで、「こんなに働いてきたのに年金では生活できない」「今も非正規で賃金が低すぎる」「老後どうやって生き延びればいいのか」「病気になったらもうアウト」などの声がいつもだされていました。今を、老後を、どう生き抜くのかという切実な声です。そこで、これまであまり知られることのなかった中年期から高年齢期のシングル女性たちの労働や暮らしの実際を把握し、発信していこうと、二〇一六年にアンケート調査を企画しました。すると、思いがけず短期間で全国から五三〇人もの女性たちの回答が寄せられました。自由記述もたくさん書きこまれており、そこには、女性が直面する問題がいっぱい詰まっていました。こうした取り組みを経て、なかなか社会の関心が寄せられない女性の現実を見えるものにしたい、という思いからまとめたのがこの本です。私は、かねてから、女性の生き方に中立的な社会のあり方や女性が暴力に晒されず尊厳をもって生きることのできる社会を願っていたことから、わくわくシニアシングルズの立ち上げに感銘して、このアンケート調査の企画や実施にかかわらせていただきました。

本書では、調査結果の紹介とともに、データだけでは見えない女性たちの暮らしを伝えるために、さまざまな立場にあるシングル女性たちの経験がつづられています。また、暮らしの知恵や困難の乗りきり方の具体策も記しています。これは、次の世代の若い女性たちにも伝えていきたい生きる知恵であり、処方箋です。

わくわくシニアシングルズの「ひとりと一人もつながれば、知恵と力と笑みがわく」というキャッチフレーズには、いくつもの意味や想いが込められていると思います。

まず、ひとりで生きていくこと、ひとりで生き抜いていけること、そのことが保障されている社会でこそ、人と人のつながりは豊かなものになる、というメッセージです。いまだ縮小されない男女の賃金格差は、女性が経済的に自立して生きることを難しくし、いまだ改善されない男性の長時間労働は、命の源としての家事や育児を男性が担うことを難しくしています。今の日本でも、結婚という制度は、経済的に「扶養する－扶養される関係」に夫婦をおき、いのちを明日につなぐケアの役割を女性に委ねることによって、企業社会を、そして国家を支える装置となっています。そのような「対の関係」でしか成り立たない暮らしのありようは、経済力がある立場の者が経済力をもちえない立場の者をコントロールしたり支配したりする関係に陥りやすいリスクを内包しています。そのため、家庭内での夫から妻への暴力は蔓延しています。そのような個人の尊厳を脅かす「対の関係」ではなく、シングルで生きることを保障する社会システムがあってこそ、対等で平等な人間関係がつちかわれていくことになるのです。

もう一つは、ひとりと一人がつながり、また、つながり合うなかでこそ、個人が抱える困難の背後にある仕組みがわかり、その仕組みを組み替えていく道筋が見えるようになる、というメッセージです。アンケートの内容を考えるための話し合いをしていたとき、貧困問題について話題になりました。近年では、「子どもの貧困」をはじめとしてマスメディアでも話題になることが多くなりましたが、女性たちが直面する貧困問題についてはマスメディアの関心は低いように思えます。話を進めるなかで、「女性の貧困って、結局デフォルトだったのよ」という声があがりました。デフォルト――コンピュータで言えば、あらかじめ設定されている標準の状態や初期設定・初期値のことです。男女の経済的格差をはじめとして女性がより劣位な性であることが、この社会のなかにはあらかじめ初期値として設定されているのではないか？そう考えてみるとどうでしょうか。働いても貧困からは抜け出せないワーキング・プアという状態に女性たちは延々とおかれてきても、それは社会の問題にはならず、男性がワーキング・プア化してはじめて、「ワーキング・プア」は社会問題になりました。家庭での高齢者介護を担うがゆえに働けなかったり離職したりせざるをえない状況に女性たちがおかれてきたことは社会問題にはならず、働く男性が介護を担わざるをえない状況が顕在化するなかで「介護離職」という社会問題が認知されるようになりました。つまり、女性たちが抱えてきた／抱えている困難は、個人的な困難なのではなく、社会の矛盾が凝縮している現実なのです。しかし、デフォルトとされてきたことによって、それは見えない問題、見ないですむ問題として覆い隠されてきたのではないでしょうか。だからこそ、一人ひとりの経験を持ち寄ってつながれば、「知恵＝社会的叡智」となって「解決のための道筋＝力」がわいてくるのです。

国際的な動向を見てみれば、子どもがいるかいないかを問わず、女性の経済的なエンパワーメントをはじめとして、女性の地位の向上をはかるための施策の推進は、政策の優先課題の一つです。ところが、日本ではなかなか女性問題は主流化しません。

しかし、いまや人生一〇〇年時代と言われるなか、とりわけ平均寿命は女性が長いことを考えると、高齢社会は女性問題の時代と言っても過言ではないでしょう。実際、二〇一五年には六五歳以上の世帯数は全世帯数の四七・一%となり、なかでもひとり暮らし高齢男性は約一九二万人、ひとり暮らし高齢女性は約四〇〇万人に及んでいます。高齢者人口に占めるひとり暮らし高齢者の割合で見ると、男性は一三・三%、女性では二一・一%にのぼります。

そこで、問題となるのは、どのような生活の質のもとで高齢期を迎えるか、ということです。一九八〇年代から二〇一〇年代にかけて、高齢男性の貧困率は大きく改善する一方、高齢女性の貧困率は減少しつつも、その減少幅は男性に比べてわずかなものでしかなく、単身の高齢女性の貧困率（二〇一二年）は五〇%近くになっていると言われています。[*1] 年金の受給状況を見ると、基礎年金（国民年金）のみの受給者である比率は、単身男性が七・八%であるのに対し、単身女性は一四・七%にもなります（厚生労働省『平成二四年　老齢年金受給者実態調査』）。また、高齢期以前の中年期の未婚者の状況を見ると、年収一〇〇万円以下の割合が一定程度あり、親等と同居する女性本人では三八・五%、単身女性では一五・五%に及ぶというデータも示されています。[*2] しかし、現役時代から低賃金であるがゆえに年金額も低く抑えられ、子どもや高齢者の世話や介護の連続のなかで心身の疲弊に追い込まれている女性たちの存在は、なかなか社会の問題になっていきません。

今回実施した調査は、シングル女性たちのつながりから調査対象者にアクセスして実施した小規模なものです。それでも、寄せられた声のなかからは、私たちが直視すべき現実が可視化されています。この次には、ぜひ政府レベルでの調査が実施されていくことを期待します。実は、一九五〇年代初頭には、労働省婦人少年局によって全国規模の「女世帯の生活実態調査」が実施されていました。ここで言う女世帯とは、女性が世帯主となっている世帯とされており、夫と死別や離婚した者や未婚者、さらには戦争により夫らが未帰還者の家族も含まれています。生計の手段・就業状態・収入・住居の種類や畳数などを詳細に尋ねているほか、生活時間や教養娯楽の状況・相談相手の有無や政府への要望など実に幅広く現状を把握しています。人口構造や家族システムが変化している現代にあって、このようなシングル女性に焦点をあてた独自な調査によって、女性のニーズを可視化していくことが重要です。日本ではいまだ「夫婦と子どもからなる世帯」を標準世帯として税や社会保障や雇用の仕組みがつくられていますが、標準家族モデル自体を問い、生き方に中立なシステムをつくっていくことが求められています。

夫と死別した日本の高齢女性たちをヒアリングした青木デボラさんは、その著書で、「ケアの与え手からの自由」「人生最後の時期を享受する時間」ということが重要なポイントとして浮かび上がってきた、と記しています。[*3] 中高年期のシングル女性の声に耳を傾けることは、人が尊厳をもって生涯をまっとうするために必要な社会のあり方を照らす営為になるのではないでしょうか。本書につづられた女性たちの声は、まさに時代の証言と言えるものです。

どこからでも関心のあるところからお読みください。本書が、性別や年齢や立場を超えてつながり、それぞれの生き方に敬意をもって、一人ひとりが安心して生きていける社会へと少しでも歩を進める力になれば幸いです。

注

＊1　阿部彩（二〇一八）「再考：高齢女性の貧困と人権」『学術の動向』第二三巻第五号、公益財団法人日本学術協力財団。

＊2　藤森克彦（二〇一六）「中年未婚者の生活実態と老後リスクについいて――『親などと同居する2人以上世帯』と『単身世帯』からの分析」Web Journal『年金研究』No.3、公益財団法人年金シニアプラン総合研究機構。

＊3　青木デボラ（二〇〇九）『日本の寡婦・やもめ・後家・未亡人――ジェンダーの文化人類学』明石書店。

湯澤直美

シニアシングルズ女たちの知恵と縁

もくじ

Chapter 1

働くことをやめられない

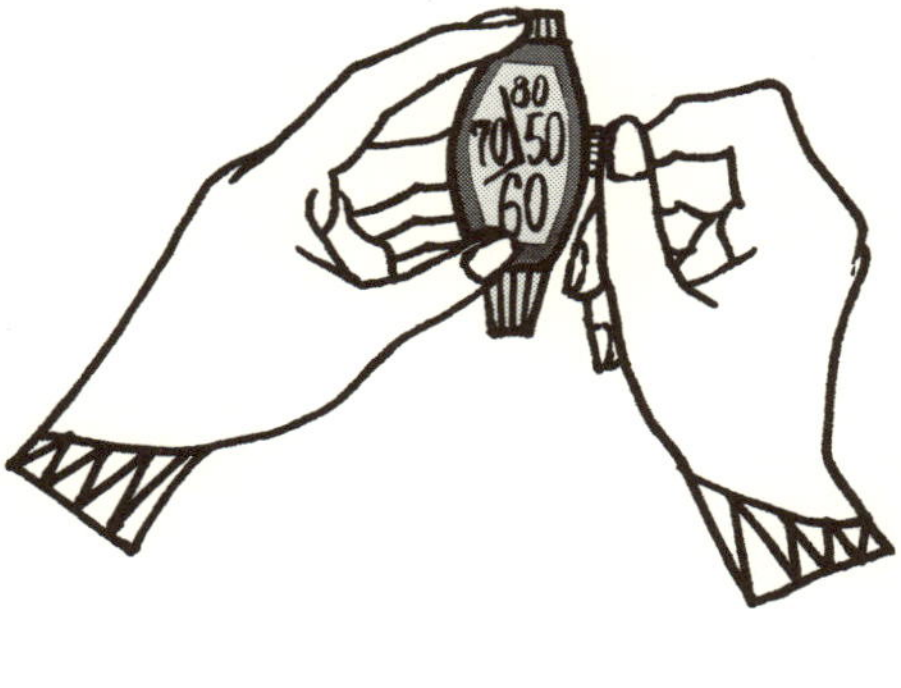

コールセンターで派遣社員として働き、なんとか生活を支える

吉澤 明子（五四歳）

私は、顧客への電話対応業務を行うコールセンターでオペレーターとして働き、離婚後の子どもたちとの生活をなんとか支えてきました。精神的にはツライ仕事でしたが、専業主婦を一〇年以上続けた手に職のないシングルマザーに選択肢はほとんどありません。よくやってこれた、という気持ちですが、どのようにそんな「荊《いばら》の道」を歩んできたのか、振り返ってみたいと思います。

■転職＝給料アップの時代――卒業、就職、そして結婚

二〇歳で学校を卒業し、コンピューターのハードとソフト、周辺機器を販売している会社に正社員で入社し、数年で自分のステップアップのために、精密機械メーカーに転職しました。もう三〇年以上も前、バブル経済に入ろうとしていた頃の話で、当時は転職しても正社員は当たり前でしたし、女性だって転職＝給与アップの時代でした。

その精密機械メーカーは、バブルでもとくに景気がいいわけではありませんでしたが、安定していて、都内の一等地の広い敷地に本社と工場をもつ恵まれた環境で、福利厚生もとてもよく、労働組合もきちんとあり、男女差別もあまり感じられず、女性も定年まで勤めるような職場でした。私も、ずっと勤めるつもりでした。この会社に勤めているときに、前の職場で知り合った夫と結婚しました。

その後、本社社屋の移転の話が出て地方に移動することが決まり、同僚はこぞって転職していき、私も縁があった金融関係の会社へ転職しました。転職先の会社は外資系ということもあり、のんびりしていたメーカーとは、まったく違う雰囲気でした。バブル真っ只中、給与も上がりましたが、会社の体質にかなり戸惑いを覚え、体調を崩してわずかな期間で退職しました。結婚していたので、もう働かなくていいか、と甘えていたのも事実です。仕事をして自分で収入を得るという大切なことは、どうでもよくなっていました。ですが、この一年程度の金融機関での勤務が、後々の仕事に役立ちました。何が役に立つかわかりません。

■夫のDVに脅える毎日――専業主婦の日々～別居へ

その後、転勤の多い夫を支え、二人の子どもを育てる専業主婦をしていました。転勤も一段落した頃に、実母のがんが見つかり、同じ頃夫の不貞に気づきました。夫との仲がなんとなくギクシャクしはじめたときに、母を看取りました。

このままではよくない、そんな予感めいたものがあったのでしょうか、思い立って近所の求人に応募して、週三日間、一日三時間勤務のパートとして働きはじめました。久しぶりの自分の給与が、とてもうれしかったことを覚えています。

夫は次第に、怒鳴ったり物に当たったりし、私はDVを受けるようになりました。でも、経済的に自立は難しく、子どものためと思い我慢していました。我慢というよりも、夫が怒るのは私が悪いと思い込んでいた自分がいました。そのうち、きっと怒鳴らなくなるだろう、普通に話ができるようになるだろう――そう一方的に思っていてもおさまるわけはなく、どんどんDVはエスカレートしていき、毎日怖くて怖くて、精神的に追い詰められていきました。精神科に通いはじめても、自分からは離婚したいとは言えず、今日は怒鳴らないといいなぁとか、物を蹴らないでほしい、と願うばかりでした。

私のこんな精神状態を、子どもたちも気づかないわけはなく、チック症状や毎夜叫んでとび起きるなどの身体の異変が現れ、情緒不安定になっていきました。もう限界というときに、「自分が何をするかわからないので家を出て行くように」と記された、夫からの手紙がテーブルにありました。

急遽友だちに荷造りを手伝ってもらい、身のまわりの物だけ持って、子どもたちと一緒に近所に引っ越しをしました。パート収入だけの私に部屋を貸してくれる不動産屋はなく、何件もまわった末に、叔母に頼みこんで保証人なってもらい、ようやく借りることができました。

今から思えば、夫に自分が家を出て行くように言えばよかったわけですが、そんな当たり前の考えも浮かばない状態でした。別居をする前から、夫から再三離婚を迫られていましたが、私が悪いという一方的な理由では、とても納得できませんでした。何が悪いのかわからず、ただただ、夫からの憎しみをぶつけられる毎日——自分が何にしがみついていたのか、今となっては理解不能です。

■派遣社員としてコールセンターで勤務

子どもたちも私も新しい生活に少し慣れた頃に、生活のために金融機関のコールセンターへの勤務を決めました。昔の勤務先も同業だったのでなんとかなるだろう、まずは始めてみないとわからないし、だめならまた就活すればよいと思っての決断です。本当は、派遣社員は希望していなかったのですが、すでに四〇歳を過ぎており、職歴からも正社員は望めない状況でした。シフト勤務ではなく九時～五時の定時だったのも選んだ理由です。

コールセンターでは、電話対応をするオペレーターの個々の能力に応じて時給が異なります。仕事内容がハードなため、時給は事務職より高く設定されていますが、交通費はでないところが多いです。女性の職場で、まわりはシングル女性やシングルマザーが多く、私と同様に生活を支えるために働いていました。

一五年ぶりに通勤電車に乗ってフルタイムの仕事に臨んだ私は、研修を受けて、いざ電話の前に座っても、記憶力が衰えていて思ったようには対応できず、パソコンも扱えない、ひとり落ちこぼれて補習を受ける、という状態でした。無理だからもう辞めようと思ったことは数えきれないほどあります。実際、研修中に三分の一は退職して、三年勤めたらベテランの域になります。

コールセンターにかかってくる電話は、顔が見えないためかクレームが多くなりがちで、三〇分も怒鳴りつづける方、一時間以上も電話を切らない方、またお前では役に立たないから男性の上司にかわれとすぐ言う方、毎回同じ話を延々とされる方など、本当に日々いろいろなことがあり、精神的に疲弊します。私も電話を置いて思わず涙がこぼれたことがありますし、泣いてトイレから席に戻ってこられない人もいます。

繁忙期には、日に一〇〇本近い電話応対をすることもあります。毎月コーチングやフィードバックが個々にあり、項目ごとの細かい点数がつけられて各自の目標を決めることになっています。キャンペーンと称して季節ごとに全員を競わせたり、グループで競わせたりして、成績の優劣で名前の張り出しもあります。派遣のため三か月ごとの更新で、雇い止めもあります。有給はありますが、一〇〇パーセントはとれません。派遣職員への登用制度はあるにはありますが、絵に描いた餅状態です。こんなひどい職場状況のためでしょう、職場では噂話や中傷などは日常茶飯事です。

ただ一つよい点は、コールセンターのオペレーターには基本的に残業がないことでした。

■離婚、そして、いく度かの転職を経て今

働きはじめた頃、夫から離婚調停の申し立てがありました。収入がないと子どもたちの親権がとれない

かもしれないと思って、とにかく必死で仕事を続けました。申し立てから一年以上かかってようやく離婚が成立しましたが、夫にはすでにパートナーがいて、とにかく離婚したかったようです。お前が悪いからだという理由ではなく、「パートナーがいる」と初めから正直に言ってくれさえすれば調停などすることなく、私の精神科への通院も不要だったはずだと思ってしまいます。結婚して二〇年目で離婚となりましたが、DVとモラルハラスメントのトラウマがひどく、当時のことを振り返ることができるようになったのは、離婚して一〇年を過ぎた頃です。

子どもも大きくなり、手はかからなくなったものの教育費がかかるようになってきました。しかし、リーマンショックが起き、正社員への転職なんて夢のまた夢。ただ生活のためと腹をくくって同じ職場で働きつづけました。

そんな折、ひとり暮らしをしていた父がパーキンソン病を患い、骨折を機に要介護状態になりました。狭い団地に引き取ることはできないので、近くの介護施設を探して、週一回通う生活を一年以上続けましたが、最後は誤嚥性肺炎で看取りました。

これでもう娘としての責任を果たしたという思いもあり、悩みを共有してがんばってきた仲間もいなくなった職場を辞めて、もう一度自分のことを考えようと、九年間勤めたコールセンターを退職しました。

別の会社で期間限定のコールセンターでの仕事をして、今まで嫌いだったオペレーターの仕事を見直すことになりました。その次の職場は、時給は下がるものの交通費はでる、小ぢんまりとしたコールセンターにしました。また契約社員でしたが、立ち上がったばかりの職場で、自分も役に立てそうだというのが決め手でした。

初めは、前職に比べて楽しく納得のいくものでしたが、どんどん人が入れ替わり、体制が変わり、私の責任も重くなっていきました。直接の上司が社内でパワハラにあいはじめ、そのことを会社の人事に訴えたりしましたが何の意味もなさなかったため、これは会社の体質的な問題だと思い退職しました。

次の仕事もなんとか探して、勤務することになりましたが、どんな会社に行っても問題があるのは十分わかっていますし、年齢を重ねるごとに転職は難しくなります。非正規雇用しか選ぶことができなかった私と仕事との関係は、自分自身何ができるか、また自分の気持ちや条件とどこまで折り合いをつけられるか、ということにつきます。そして、それなりの収入を得るために大切なのは、職場だけでなく、いろいろな仲間をつくり悩みを共有して必要な情報を交換しながら、その時々に自分に何が必要かを考えて生きていく、生活の知恵かなと思います。

生活のための短期・不安定雇用を卒業し、今、納得のできる仕事へ

塩野 真知子（六二歳）

■就職・結婚・出産――充実した日々を実感

私が大学を卒業したのは、一九七九年です。男女雇用機会均等法もない時代に、就職に際して望んだことは、男女の格差がないこと、結婚出産後も仕事を継続できる制度があることでした。

結局、民間の企業では希望したような就職先はなく、公務員になりました。当時はまだお茶くみや掃除などの雑務が当然のように女性に割り当てられていて、女性が仕事を続けていく環境は十分とは言えない状況でした。それでも仕事は、大学で勉強した法律と関係のある取り組みがいのあるものでした。仕事外では、女性の問題に限らずに少しでも労働条件を向上させる目的で組合運動にも積極的に参加して、充実した日々を送っていました。

そのようななかで、結婚・出産をしました。まだ育児休暇制度のなかった一子と二子のときは産後八週で、三子のときは育休制度が導入されていたので産後一年で、仕事に復帰しました。

■就職一五年目の退職

育児と仕事の両立は体力的にも精神的にもたいへんでしたが、実家の父母の協力もあって仕事を続けていくことができました。子育ては楽しく、職場では次第に責任ある仕事にも携わることができるようにな

っていきました。しかし家事・育児に夫の協力はなく、また夫の両親の介護などの事情もあって、就職一五年めにして仕事を辞めざるをえなくなってしまったのです。上の子が「お母さんはあんなにお仕事が好きだったのに」と泣いてくれたのが忘れられません。

退職後に末子を出産しました。平日に子どもたちと公園で過ごし、おやつを手づくりする楽しさも知りました。また、今までできなかった地域のさまざまな活動や、「生活協同組合」「子ども劇場」などの活動にも参加することができました。

■離婚――七年のブランクを経て職探し

しかしその後、いろいろな事情が重なって、夫との婚姻関係を継続することができなくなりました。離婚への準備期間もなく、蓄えもまったくない状況でしたので、保育園児・小学生・中学生・高校生の四人の子どもを抱えて、すぐに仕事を探さなければなりませんでした。

七年間の無職の期間があり、何の資格もなく、しかも四〇歳を過ぎての職探しは容易ではありません。加えて、保育園の送り迎えができる時間帯の勤務、土日は休日（せめて土日は子どもたちと過ごしたい）、有給休暇（学校行事や病気に備えたい）、社会保険完備、そして生活していける給料、などといった条件がそろっている仕事はほとんどありません。世帯主の被扶養範囲内（保険制度上の一三〇万円以内・所得税額控除の一〇三万円以内）で働く女性を想定した短い時間のパートやアルバイトならばありました。しかし、フルタイムの仕事では契約社員だったり期間限定の雇用であったりと、正社員の求人はなかなか見つかりません。バブル崩壊直後だったこともあって、現実の厳しさを思い知らされました。

履歴書を送っただけ、最初の面接を受けただけ、という会社も多々あります。いくつかは履歴書・書類審査（簡単な筆記試験や小論文など）を経て最終面接までいったこともありました。しかし、最終面接では、

「小さいお子さんは誰が面倒をみるのか」「出張に行けるか」「残業はできるのか」「今は実家の両親に助けられているかもしれないが、その両親に介護が必要になったらどうするのか」「当社で支払う給料だけで生活していくつもりなのか」などといった質問は当たり前で、時には理不尽と思われることまで聞かれました。つまるところ、明言されなくとも、小さい子どものいるひとり親に正規の仕事は任せられないということだったと思います。最終的に、「あなたではなく、もうひとりの男性に決まりました」と言われたことも一回や二回ではありません。

■短い雇用を転々として

離婚後まもなく保険会社の正社員になったことがあります。「この年齢（当時四五歳）で正規雇用はもうありませんよ」と言われたのですが、半年ごとのノルマが設定されていて、一年半後にはノルマを達成できずに解雇されてしまいました。その会社には、長く外交員をしている先輩たちのエリアや顧客がしっかりとあって、不況が続いている状況では新規に食い込むことは容易ではありませんでした。

結局、時には欠員補充の臨時の雇用、時には育児休業の代替要員などのパートや期間限定の仕事を転々と続けることになってしまいました。その時その時の家族の状況に合わせて条件を絞って探しました。保険の外交員以外は事務職ばかり一〇か所の職場を経験しました。雇用期間は四か月のときも一年半のときもありましたし、一年契約を更新して四年間継続したこともありました。給料は時給・日給・月給といろいろあり、短期雇用の場合は、時給や日給が多く必然的に休暇もとれませんが、トータルとしての手取り額が多いという理由で選んだこともあります。一年以上の有期雇用や更新もありという場合には、有給休暇が取得できるか、社会保険に加入しているかに重点をおいて仕事を選びました。また子どもが小学校低学年の間は、一緒に夕飯を食べることのできる時間帯に帰宅できるかということも大事にしていました。

中学生になり部活や塾で帰りが遅くなるようになってからは、より条件のよいところを探し片道二時間近くをかけて通勤もしました。

常に雇用期限が間近になれば次の仕事探しを念頭におき、「更新は可」という条件であれば次の更新があるかと内心びくびくしていました。仕事が変わるたびに、年金や医療保険の変更があり、国民年金・国民健康保険に加入したり脱退したりと市役所の手続きも煩雑でした。

もちろん期間が短くても職場ではそれなりの人間関係を築いてチームワークも大切にしましたし、退社後には一緒に食事に行ったりカラオケに行ったりもします。仕事においても工夫をして効率を上げ、自分なりの目標をもって努力もしてきました。しかし常に落ち着かない気分がありました。大きな組織であれば、そのなかでの自分の立ち位置がわからず、役割を見つけられないまま雇用期限がくることもあります。いつもどこか消化不良のままの気持ちが残りました。

低い給与、昇給もボーナスも退職金もなく

これまで、まわりの人たちに支えられ、また行政（児童扶養手当はじめ、ひとり親に対する制度）にも助けられながらでしたが、よくやってきたとつくづく思います。どこの職場でも決して手を抜かず一生懸命に働いてきたと言いきれます。とはいえ、短い雇用期間では自分のスキルを特化したり深めたりすることができません。常に新しい環境で新しい仕事をするので、責任ある仕事は任されず補助的な仕事が多くなってしまいます。たとえば、来年もこの時期に同じことがあるのならばここを改善しておくと効率的だと気づき、次の企画にはこれを加えたらいいのではと思っても、そのときに私はもう在籍していません。また「よくやってくれたね。ありがとう」とは言われても、それが評価に結びつくこともありません。

年齢が上がれば同年代の職員はそれなりの仕事を任されていますが、そうではない自分の仕事に対する

モチベーションを維持するには、どこかで割り切らなければなりません。仕事に対するアイデンティティをもてないことが、自分自身に対する自信のなさにもつながっているのではないか、と思うこともたびたびありました。

収入面においても、非正規雇用はひどい状況に押し込められています。常に初任給と大差のない給料。昇給がない。手当がつかない。ボーナスがない。もちろん退職金もない。正職員とほぼ同等の仕事をしていながら、ボーナスを加えた年収で言うと半分どころか三分の一以下という職場もありました。「同一労働同一賃金」は裁判でも争われていますが、現状では仕方がないと割り切るしかありませんでした。この二〇年間、ひと月の手取り額が二〇万円を超えたことは一度もありません。このような低収入では、貯金をすることも困難です。

さらに、年収の低さは年金の低さにつながります。社会保険料は標準報酬月額を基準に徴収され、それが年金の受取額に反映されるからです。現役時代の収入の低さが老後の貧困にも大きく影響するのは、非正規で働いてきた多くの人にとって共通の問題だと思います。

■納得できる仕事を長く続けるために新たな模索

六〇歳直前の三年間は昇給なしでしたが、正社員になることができました。六〇歳定年後は仕事の量と質は変わらないまま給料は大幅ダウンという条件のもと一年契約の再雇用を二年続けて、この三月に退職しました。悩みました。このまま一年ごとの契約を更新していくことも考えました。しかし、六五歳で年金を受け取りはじめてからもずっと働いていくことを考えたとき、どうしたらできるだけ長く自分らしく仕事ができるのかを、ゆっくり模索してもいいのではないかと思ったのです。

今までは、生活のために仕事をしてきました。これからは、自分の心の問題として納得できる仕事をしたいです。社会や地域の人たちとかかわっていることを実感できる仕事に携わっていきたいと思います。思い切って、アルバイトをしながら一年間だけ福祉関係の専門学校に通うことにしました。この四月からは、二〇代後半から四〇代くらいの若い人たちと一緒に来年の資格試験に向けて授業を受けています。資格をとってどのように働いていくことができるのかは、まだまだ暗中模索の状況ですが、今までいろいろな仕事をして、いろいろな場面で人とかかわってきたことも無駄ではなかったと思えるのではないかと考えています。

振り返ってみれば、なんとかやってくることができたのは、心の拠り所があったからだと思います。それはひとり親のための団体（しんぐるまざーず・ふぉーらむ）です。「同じような状況の人がいる」「同じ悩みをもって、がんばっている人がほかにもいる」「困ったときに相談に乗ってもらえる」と具体的に感じることで、だいじょうぶだと自分の心に言い聞かせることができたと思います。私にとって、大きな支えになりましたし、励みにもなりました。

また、離婚直後の混乱から一段落ついた頃に始めた趣味も大きかったと思います。ちょっとしたきっかけで始めたランニングにすっかりはまってしまったのです。最初は五〇メートルも走れませんでしたが、今ではフルマラソンも走ることができます。少しずつ距離が伸びタイムが縮まっていく過程で、人と比べるのではなく自分の成長を実感することができます。時として、くよくよしがちな心を立て直し前向きになることができました。ランニングを通して仲間との出会いもありました。仕事以外で自分を表現できる場所を得たことも大切だったと思います。

心と身体の健康を維持しつつ、できるだけ長く働きつづけたいと思います。

派遣シングル女性に「老後」はない

渡辺 照子（五九歳）

■一七年間派遣で勤務した果ての雇い止め

私は五八歳のとき、約一七年勤務してきた派遣先企業から一方的に雇い止めを通告されました。派遣なので、何年勤務しようが退職金の類は一銭ももらえません。私の派遣先は大企業で正社員は高待遇。十分な各種手当もあります。賞与、退職金も私からすれば夢のような金額です。私より一〇歳年下の高卒の女性正社員は私の賃金の二倍から三倍をもらっています。同一労働同一賃金などはよその国の話。私には関係ありません。

雇い止めを通告されたタイミングは、いわゆる「二〇一八年問題」の前倒しにあたります。二〇一二年の改正労働契約法で、五年の「無期転換ルール」が定められ、二〇一三年四月一日以降に有期労働契約を締結・更新した場合、五年後の二〇一八年四月一日から労働者は有期契約から無期への転換を申し入れることができることになりました。派遣の私は有期契約であり、雇い止めを通告されなければ、当然その資格を獲得できたはずでした。ところが、二〇一八年の四月を迎える前の二〇一七年一二月末で雇い止めになったのです。私が「同じ派遣先で一七年ほど勤めていた」と言うと、誰もが驚きますが、私の派遣先企業では二四年勤続の派遣の女性もおり、その人も私と同じタイミングで雇い止めになりました。つまり、派遣先企業は派遣という不安定な身分のまま非正規の女性を長く使いたいだけで、無期雇用には絶対にしたくないということなのです。

■どれほど働こうが報われない派遣という身分

派遣と言っても専門的な業務ではありません。一般職の女性正社員の業務をそのまま代行したようなものです。正社員の業務の「常用代替」として禁止されていることですが、おとがめがないのでしょう。だから私は皮肉なことに派遣であっても「永年勤続」でいられました。パソコンでワードやエクセルのソフト、あるいは、派遣先企業独自のシステムでデータを入力し、伝票や文書を作成する「事務用機器操作」がメイン。さらに、庶務・雑務として来客のお茶出し、電話応対、事務消耗品の発注・補充、社内外の文書のファイリング、その他名前もないけれど、誰かがやらねばその部署の業務がまわっていかないもろもろの「仕事」をやってきました。

シングルマザーになってから、子育てのために時間と家計を優先しました。だから自己投資し、キャリアアップのための資格の勉強はできませんでした。でも、派遣になった四〇歳のときには、子どもの手もかからなくなり、時間は捻出できるようになりました。それで各種の資格も取得しました。ビジネス実務法務、秘書技能検定、貿易実務検定等々、事務職に必要とされる資格はひと通り取得しました。正社員ならば勤務時間中に会社の費用で研修を受講し、試験を受けられます。合格の際は一時金も支給されます。ところが、派遣の私にはそれらの一切がありません。すべて自費でアフターファイブや休日に独習し、取得したものばかりです。合格のたびに派遣元会社の営業担当者に資格が増えたことを知らせましたが、そのことによって時給がアップしたことは一度もありませんでした。やがて私は資格の学習を止めました。時間、費用の回収の見込みはなく、学習の意味がないからです。

派遣として働いた一七年のうち、一〇年間ほど残業は当たり前でした。正社員のいやがる休日出勤もやりました。女性正社員が英語を話せないというので、私がブロークンな英語で海外からの来客の相手もしました。毎月の残業時間が九〇時間超になり、過労のため派遣先で倒れ、救急車で病院に担ぎ込まれたこともありました。さすがに私の働きぶりを認めてくれたそのときの部長が私を正社員にすべく推薦状を書いてくれましたが、それも派遣先の人事部門の「事務は正社員にしない」の一言で却下されました。

その揚げ句の一方的な雇い止めですから、私は派遣先企業が許せませんでした。派遣でいる間はずっと三か月更新の反復でした。「理由もなくいつでも雇い止めにできる」と役員に言われたこともあり、労働組合には加入できませんでした。契約更新の切れ目には雇い止めになるのではないかと常にビクビクしていました。

■ユニオンに加入し団体交渉へ、しかし……

皮肉なことに、雇い止めされたためにその不安は一掃され、私は個人加盟ユニオンに加入し、早速行動を開始したのです。まず団体交渉です。派遣元会社は応諾義務があるのでいやいや交渉に応じています。問題は派遣先企業なのです。契約が切れれば関係ないとばかりに交渉に応じる気配をまったく見せていません。

団体交渉においての派遣元会社への要求項目は、二〇一五年に「改正」された派遣法の雇用安定措置にもとづくものがほとんどです。①派遣先への直接雇用の依頼、②新たな派遣先の提供（合理的なものに限る）、③派遣元での（派遣労働者以外としての）無期雇用、④その他安定した雇用の継続をはかるための措置として、雇用を維持したままの教育訓練、紹介予定派遣等、省令で定めるもの等です（厚生労働省の説明による）。

ですが、①はそもそも派遣先企業が雇い止めをしたのだから不可能。③も派遣元会社は拒否しています。いくらか可能性があるのが②と④です。派遣元会社はアリバイ的に次の派遣先を複数私に紹介してきますが、そのどれもが時給が二〇〇～三〇〇円もダウンするもので、ダウンの理由を聞いても「紹介先はそれしかない」の一点張りです。仕方なく時給ダウンも妥協して紹介先の就業を承諾すると、今度は「社内の選考で渡辺さんは漏れました」と言われ、結局、仕事に就けないという状況です。そもそも「改正」派遣法は三年ごとに派遣先を変わることを派遣労働者に義務づけています。このこと自体、失業を強制されたようなものです。三年ごとに派遣労働者は必ず加齢し、雇用市場で年々不利になっていきます。その年齢のハンディを補ってあまりあるスキルを習得する必要があり、派遣元会社はその習得機会を保障する義務があるはずです。そうでなければ、派遣のまま継続的に仕事をすることができません。ところが現在の研修メニューは基礎的なものばかりで、ベテラン派遣のスキルアップには貢献しないレベルです。「選考漏れ」の理由も明かされないため、私は努力の方向性も見出せません。おそらくそのようにして高年齢派遣を淘汰していくのではないかと勘繰りたくなります。

ハローワークのシニア向けの仕事を見ると「清掃業務」「介護」がほとんどで、体力が落ちてくる年齢なのに力仕事しかないのが現実です。テレビで取り上げられる「働く元気な高齢者」は現役時代に熟練の技を身につけ、それを生かした仕事に就いている場合がほとんどです。私が働いてきた一般事務は職務経験のうちに入りません。安倍政権は「一億総活躍社会」「人生一〇〇年時代構想」を標榜していますが、女性・シングルマザー・非正規・高年齢と、複数の不利な条件を負った者のキャリア形成など誰も考えていません。年金受給額もまともな生活を支えるには足りないでしょう。だから、どのような仕事であってもやり抜くしかないのです。私には悠々自適な老後などありません。

小さな会社を渡りながら、夜間大学も卒業
——自分が自分でいられることが大切

早良　さら（六〇歳）

■一歳の娘を連れて離別、美容師として働く

結婚して三年一一か月、些細なことで突然怒りだす夫のたび重なる暴力に、機嫌を損ねないようにビクビクしながら過ごす毎日。いつか娘までがこんな目にあうかもしれないと思い、家を出たのは、私が二三歳、娘が一歳を過ぎた頃でした。

しばらく祖父母の家で世話になることができたので、裁判所に協議離婚の申し立てをした後、仕事と保育園を探しました。結婚前は美容師として働いていたので、迷わず仕事先は美容室と決めました。美容業界では難しいのですが、娘との生活を送るには、保育園のお迎え時間に間に合うことと日曜日の休みは最低条件です。休日交替制の年中無休の美容室を探し、希望どおりの条件で仕事に就くことができました。娘が保育園に入園できるまでの数か月は田舎にある実家で預かってもらい、その間はほかの人と同じ条件で働きました。

始業は朝九時からで、夜七時三〇分の受付終了までに入店したお客様の見送りを終えると業務終了となりますが、その後に練習会が行われます。職場まで電車で三〇分ほどとはいえ、毎日終電近くになり、寝るためだけに家に帰るような生活でした。来客数の多い美容室だったので土日などは昼休みがとれないことも多くありましたし、月に一、二回は本社で早朝会議や勉強会もありました。入社当初の月収は一六万

円くらいで、残業手当・賞与・社会保険・退職金制度はありません。休日は週一日。のちに有給休暇や社会保険は導入されましたが、体調不良以外で休暇をとる人はいませんでした。

春、娘は市立の保育園に入園し、アパートを借りて親子二人の生活が始まりました。その後、養育費・慰謝料なしで夫が離婚を承諾し、以後、それきり会っていません。

一年、二年と過ぎ、徐々に責任ある立場になっていくにつれ収入は増えましたが、保育園のお迎え後は娘を連れて店に戻って仕事をし、以前のように深夜に帰宅する日々になりました。本社での早朝会議だけでなく、休日仕事に出る日も多くなりました。そんな状況をのりきれたのは、近くに住む祖父母や叔母夫婦、一緒に働いていた気のいい仲間に助けてもらったおかげです。娘のことより仕事優先のだめな母親だったと思います。

五年ほど経って、経営者から出店の話を持ち出されたことが、この仕事を辞めるきっかけとなりました。出店に際して必要な一〇〇〇万円以上（当時）という多額の借金を抱える勇気はなかったですし、自分に経営能力があるとも思えませんでした。生活のためとはいえ仕事の都合で、幼い娘を振りまわしてきてしまったと、後悔していたときでもありました。

■事務職への転向

美容師に比べ就業時間も短く休日もしっかりとれると思い、無謀にもまったく経験のない事務職に転職しようと考えて、事前準備としてワープロスクールに短期間通いました。職業安定所の求人紹介は、二九歳という年齢を理由に断られることが多かったのですが、社員一〇人ほどの特殊機械を販売する会社に採用されました。就業時間は平日九時から一七時三〇分、土曜は九時から一二時まで、休日は日曜・祝日です。小さいながらも社会保険から退職金制度まできちんと整っていました。入社時の月収は一七万円ほどでしたが、年一回昇給があり、退職時には月収二六万円くらいになっていました。賞与は夏が一・五か月、冬が二か月分だったと思います。娘と一緒に過ごせる時間が増えた日常が、何よりもうれしいことでした。

社長は、面接時の第一印象で感じたとおりのとても尊敬できる経営者でした。事務の先輩は自分より若い女性が一人、直接の上司は社長です。入社当初は電話の取り方から社長に注意される始末でしたが、取引先からのクレーム電話の応対にも慣れ、営業事務から経理までの幅広い仕事を覚えることができました。当時はオフィスコンピュータとワープロ、手書き帳簿が併用されていた時期でした。事務の仕事は新鮮で、とても楽しく感じました。六年半ほどでしたが、この会社に出会えたおかげで事務の仕事を一つ一つ丁寧に積み上げることができ、未経験者だったにもかかわらず面倒をよく見ていただいた、と今でも感謝しています。できればずっと働きつづけたいと思える職場でした。

■二度目の離婚

この会社で同僚だった男性と再婚し、退職しました。息子も生まれ、平均的幸せ家族のはずでした。しかし、今度は夫のアルコール依存症が原因で、息子が小学校五年のときに再び離婚し、それから二年後に夫は病気で亡くなりました。離婚前の数年から死後数年間は、夫との関係や夫の家族との関係で精神的にかなりまいり、しんどい時期を過ごしました。

この頃はディスカウントストアの単時間事務パートから不動産会社のフルタイムの事務パートへと勤め先を変えて働いていました。ここではとても信頼できる友人に出逢うことができました。

■働くことが情けなく思えた同族会社での仕事

離婚が成立したときには四八歳。ハローワークで求職活動を始めましたが、景気もなかなか良くならないときで、この年齢では給与等の待遇面での贅沢は言っていられないとわかりました。

表向き、「紳士服製造・卸」とあった会社に経理事務として採用されました。ところが実際は、会社所有のマンションと事業用店舗の賃貸収入が主体で、紳士服の小売店が一店舗あるだけ。求人票には「定着率の良い会社」とありましたが、社員九名のうち七名は名ばかり社員の家族・親族。出社するのは慶応大卒が自慢の社長（兄）と専務（弟）、従業員は小売店の七〇代男性だけなのですから定着率がいいはずです。社長と専務は整体通いとゴルフ三昧の完全なる家族経営の同族会社でした。正社員に就きたいという一心からハローワークの求人票を鵜のみにしてしまい、面接時によく観察をしていなかったので、こうしたことは入った後から見えてきました。

就業規則はあったものの、有給休暇がとれるのは、体調を崩したときと息子の学校行事の際の半日だけ。給料は当初一九万円で、賞与は夏期が五万円、冬期は一〇万円と決まっていました。仕事内容は事務全般でしたが、覚えてしまえば難しいことはありませんでした。小さな会社で経理をしていると、お金の流れから会社の裏側が見えてしまいます。個人の経費は会社へ、会社に入るお金は個人に流れる仕組みがつくられていて、公私の区別などない状態です。仕事は真面目にこなしましたが、ここで働く自分が情けなく思えました。とはいえ息子の学費などでお金がかかる時期でしたし、田舎の父母が相次いで病気で入院したので、ひと月に何回かは週末に帰省する必要もあり、ずるずるとそこで働いていました。

前夫の死後から、油断すると自己否定に浸かっていきそうな自分をなんとかしようと模索するうちに見つけた夜間大学。思いがけず合格したものの、終業後では講義開始時間に間に合いません。後になって後悔したくないと心を決め、大学への通学を理由に退職の意向を社長に伝えたときの対応は円満退社と思っていたのですが、私の書いた退職届の退職希望日の日付は勝手に書き換えられ、即日退職するよう一方的に通告されました。何が起こっているのか理解できず、言われるままにその日で退職しました。真面目に働いてきただけにやるせない気持ちになりました。経営者の傲慢さを思い知らされた会社でした。

後日、地元のハローワークで失業保険の手続きの際、担当者に退職時の件を話しましたが、あまり親身な反応がなかったことを覚えています。

■五〇代後半での転職

五六歳になった私が、大学に通学するために給料を度外視して見つけた現在の職場は、旧住宅公団が建設した古い分譲マンションの管理組合の事務です。管理費や修繕積立金を低く抑えるため自主管理運営となっています。年間の予算が決まっていて給料は一五万円ほどで交通費も全額は出ませんが、賞与は夏冬合わせて三か月分です。有給休暇や社会保険の制度も整えられています。

所有者である住人が最長三年任期で理事になり、理事会で管理組合の運営を行います。事務局では、管理費や修繕積立金に関する経理事務を中心に、窓口業務から住人の苦情対応まで幅広い業務を二人でこなします。古いマンションなので水漏れなどのトラブルがあったり、また高齢者が多くちょっとしたことでも電話がかかってくるので、フットワークの軽さも必要です。

ひと月遅れで入社してきた女性は同年代ですが、事務もパソコン操作もほとんど未経験ということで、入社当初は自分の業務に慣れないうちから仕事とパソコン操作を教えることになってしまいました。自分にもそんなときがあったことを思い出し、丁寧に対応するよう心がけました。私以外は、彼女も理事も全員団地居住者なので住人とも慣れあいの部分が強く、管理規約にある個人情報等の守秘義務の点ではハラハラすることが多々あります。

今年の一一月で四年が経ちます。当初は大学に通う間だけと考えていましたが、来所される住人の方からの「ありがとう」の言葉を励みに、あと数年後の定年までここで働きつづけていこうと思っています。

■五〇代での大学生活、そして今

この春、大学生活を終えました。経済学部の夜間主コースでしたが、社会学や環境、法律まで幅広く学べたことは、政治に関心をもつことにつながりました。物事を短絡的にとらえてしまう自分を少し変えてもらえた気もします。仕事・大学・帰省と忙しかったものの充実した四年間を過ごせたのは、嫁ぎ先の親だけでなく実家の両親の世話までしてくれる田舎にいる妹のおかげです。

収入が低いので授業料免除の制度を利用し、大学四年間の学費はかかりませんでした。本は大学の図書館で借りて、若い学生と同じように、美術館や通学定期券などで学割が利用できました。

仕事・会社選びは、深く考えもせず行き当たりばったりでしたが、美容師時代からパート勤務までの間に出会えた方々とは今でもおつきあいいただいて、ありがたいことと思います。

仕事をしながらの子育ては、世間の目が気になり、「ひとり親だから」と言われないようにと肩に力が入りすぎていましたが、この年齢で学生生活を過ごすなかで、肩の力を抜いて、あるがままの自分でいいのだと思えるようになりました。人の価値観はさまざまですが、賢く生きられなくて失敗だらけでも、お金はなくても、ほんの少しだけ心に余裕の穴を開け、自分が自分でいられることが大切なのかなと思います。かかわってくれるまわりの人たち、黙って見守ってくれた両親や妹弟、こんな私を親と認めてくれている子どもたちに感謝しながら今を生きています。

わくわくシニアシングルズの声①
……仕事について考えてきたこと、やっていること

☆「できることをやる。嫌なことでも生活のためと割り切る」（六七歳）

★「今までは、生活のためにいろいろな仕事をしてきました。常に一所懸命に取り組んではきましたが、そこにやりがいを見出す余裕はありませんでした。これからは、本当にしたい仕事、社会とかかわっているという手応えを感じられる仕事を、ほそぼそとではあっても続けていけたらと思います」（六二歳）

☆「シングルは長期に働かないといけないので、長く続けられるように、バランスをとりながら複数の仕事をやってきた。おかげで、この年まで仕事があるのはありがたいこと。七〇歳を過ぎてもやりたい仕事に絞りながらやっていこうと思っている」（六七歳）

★「誠実に・コツコツと」（五九歳）

☆「とぎれとぎれでも、大好きなとは言わないけれど嫌いではない仕事をコツコツやることで、これまでやってこれたのは幸いであったと思います。専業夫（大黒柱という語は生きている）は嫌な仕事でも家族のために辞められなかったりするのだろう。病気になる人もいる。みんなで好きなことをしよう。みんなで好きな時間だけ働こう。首絞めあうのはやめよう。人の顔色だけ見て働くのはやめよう」（七〇歳）

Chapter 2

「家」という大問題

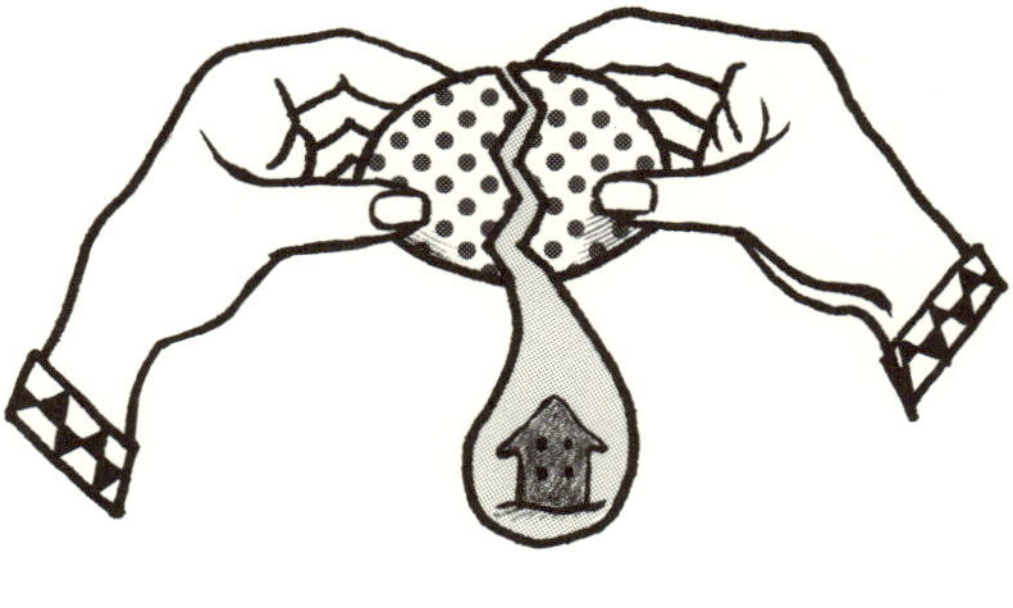

子どもたちの成長に合わせて転居、そして、これからひとり？

村治 祐里（六〇歳）

一九七六年、私は大学入学と同時に関西から東京に出てきました。以来四二年間、ずっと民間の賃貸住宅に住みつづけています。その間、非婚で二人の子どもを産み、子どもたちと三人暮らしを続けてきました。

娘は今年（二〇一八年）四月、就職してひとり暮らしを始めました。下の息子は大学三年生。息子が大学生になったとき、私は、「あなたの卒業時にはうちは解散！」と子どもたちに向かって宣言しました。子どもたちの自立を促すのと、自分の今後の生活を考えるためです。今年、娘が予定どおり独り立ちしたことで、いよいよ「解散」への第一歩を踏み出しました。

■ひとり暮らしのアパートで子育てスタート

一九九四年、娘を産むことを決めたとき、六畳の和室に三畳程度のダイニングキッチン、トイレのなかにシャワーがついためずらしい間取りの単身者向けアパートに住んでいました。まずは住むところの確保だ、と大家に子どもが生まれることを告げ、定員を二名にしてもらいました。三年後に生まれた息子もこの部屋で人生をスタートしました。家賃は四万三〇〇〇円。当時、私はフリーランスで映像制作の仕事をしていて月収は約一八万円。自宅から徒歩二分の距離に、夜一〇時まで預かってくれる夜間保育園があり、二人ともそこでお世話になりました。認可保育園でしたので、保育料は所得に合わせて決まり、長時間預けても一か月で一万円程度の保育料でした。その保育園は東京でも先駆的な夜間保育園で、長時間預かる子どもに対する配慮だけでなく、働く親に寄り添ってくれました。週に二度、お風呂の日があったり、平日、親が体調不良や自分の都合で仕事を休んでも、子どもを預けることを勧めてくれました。子どもにも子どもの生活ペースがある、そして親も仕事以外でひとりで過ごす時間が必要なときがある、と親に諭してくれるような保育園でした。別の県から引っ越しをして、この保育園に入園してくる親子も数多くいました。一年齢五人、定員三〇人の小さな保育園で、月曜から土曜、朝九時から夜一〇時過ぎまで、夕食も保育園で食べ、子どもたちは自宅より保育園で長く過ごしていました。当時、私は保育園を「母屋」、自宅アパートを「離れ」と呼んでいました。その保育園が抜群の近さにあるということ、とりあえず温水シャワーがあって毎日使える、ということで、この小さな1DKに子どもたちと六年ほど住みました。家賃は最終的に四万七〇〇〇円まで上がりました。

■子どもの進学とともに転居

上の子どもが小学校に入学する直前、同じ地域で2Kのアパートに移りました。六畳、四・五畳、台所に風呂がついて家賃は五万九〇〇〇円。風呂はトイレと一つのスペースになって広々としており、バランス釜で追い炊きもできて便利でした。保育園と小学校と学童保育のある児童館が同じような距離にあり、目の前が公園で子どもが気軽に遊びに行けるところが気に入りました。通勤駅から夜間学童、保育園と、無駄なくお迎えをしながら自宅に帰ることができました。一部屋増えたといっても、ほぼ六畳一間で遊び、食べ、相変わらず三人が川の字になって眠る生活でした。転居した当初は月収は変わりませんでしたが、数年後に仕事が変わり月収が増えたため、ふくらんだ家賃を収入の二割台に抑えることができるようになりました。

娘が中学校に入学する直前、2DKに転居しました。フローリング六畳の部屋が二つあり、その一つに二段ベッドと机を二つ入れて、小学四年と中学一年になる子どもたちにはじめて部屋ができました。私はもう一つの部屋を居間兼書斎兼寝室として使いました。昼間は三つ折りのマットレスをソファ替わりに使い、夜は広げて寝ました。それまで家計支出に占める割合をできるだけ抑えていた家賃でしたが、一気に九万六〇〇〇円に上がり収入の三割を超えました。しかし、子どもの成長に合わせて必要な転居と考えていました。右肩下がりの時代にありながら、幸い私の月収は少しずつアップしていたこともあり、なんとか支払える状況でした。子どもたちはここで高校入試をくぐり抜け、娘は大学入試にも挑みました。

■ 郊外への転居

娘は都内の医療系の私立大学に入学、息子は都立高校に入学が決まり、三六年間（子どもたちとともに一八年間）住んだT区を離れ、隣のN区に引っ越しました。二〇一三年、私が五四歳のときでした。それまで子どもたちの保育園や学校に縛られ、長く住む地域を変えることはかないませんでしたが、息子の高校がN区であることも手伝って、都心を離れ、郊外へと出ることにしたのです。転居の目的は、間取りを広げて3DKにすること、そして、できれば家賃を少し下げたいという気持ちもありました。結局、家賃は同額となりましたが、間取りは希望どおり3DKとなり、三人それぞれの部屋をもつことになりました。長く携わってきた仕事が後二年ほどで終わることが決まっており、その先、収入がどうなるかわからない状況でしたが、間取りを広げる転居ができるのは定職についている今しかないと決断しました。

N区への転居で息子は電車通学から自転車通学になり、私と娘はそれぞれ職場と大学から遠くなりましたが、駅まで徒歩二分となり、かえって通勤が楽になりました。そんな駅前でありながら、隣には小さな公園があり、少し歩けば畑が広がるような地域です。実はN区に移ったもう一つの理由は、この「畑」でした。私は自転車で四～五分ほどの距離にある農業体験農園で、趣味と実益を兼ねて野菜づくりも始めました。

■いよいよひとり？

N区に移って二年、二〇一五年に一〇年続いた仕事がとうとう終わり、その後は不定期、期間限定の仕事となり、月収は以前の二分の一にも満たない額になりました。娘は私立の医療系大学で年間一五〇万円かかり、資格取得まで順調にいっても五年かかります。息子のほうも私立大学に進むことになり、年間一二〇万円学費がかかることになりました。子どもたちが幼いときから、大学進学に備えて、家賃を抑え、生活費を切り詰めて、できるだけ貯金をするように努めてきたつもりですが、子どもたちの学費で一気に消え、自分のこれからに備えるものはわずかしか残りません。そんなときに仕事が切れ、収入が激減したわけです。

今年、私は六〇歳。六五歳で年金を受給するようになっても、ずっとフリーランスで国民年金だったため、年金受給額は月五万円程度にしかなりません。今後も仕事は可能なかぎり続けていくつもりでいますが、現在の収入では一〇万円近い家賃を払いつづけることは難しく、なるべく早い時期に四万～五万円ぐらいに圧縮しなければなりません。そのタイムリミットを息子の大学卒業時と見定めたのが、冒頭の「解散」宣言です。

家賃を下げるためにまず考えたのは、公営住宅に移ることです。公営住宅に入居できれば、所得に応じて家賃も決まりますから、低所得でも暮らしていけます。しかし、都内は倍率が高く、優遇されるひとり親家庭でも、子どもが小学生のときから応募しつづけて高校卒業ぎりぎりにやっと当選したという話も聞きます。これから一般世帯として応募しても二年で当選するのは難しいでしょう。地域にこだわらず、都心からぐっと離れれば都営住宅に入ることも可能でしょうが、私の場合、今後も都心に仕事で通うこと、また五年前から始めた体験農園を続けていきたいという希望もあり、できれば今住んでいる地域にずっと住みつづけたいと考えています。

公営住宅が難しいとなると、やはり民間の賃貸住宅を探すしかありません。しかし、民間賃貸住宅の入居については、越えなければならないいくつものハードルがあります。仕事に就いていて定収入があるか、連帯保証人が立てられるか、家賃債務保証会社の資格審査をクリアできるか、そしてひとり暮らしの高齢者の場合、緊急連絡先の問題も加わり、こうしたハードルは年齢とともにさらに高くなっていきます。

民間賃貸の大家に対する意識調査（図表1）を見ると、六割が高齢者に対する拒否感をもっており、家賃債務保証会社は六〇歳以上のひとり暮らしの一一・九%に対して、実際に審査で入居を不可としています。低所得でひとり暮らしの高齢者は、家賃滞納・孤独死などのリスクが高いととらえられているのです。高齢単身者は今後一〇年で一〇〇万人増加すると予想されています（国立社会保障・人口問題研究所「日本の世帯数の将来推計（全国推計）」二〇一三年一月）。公営住宅は二〇〇五年をピークに少しずつ減少する（国土交通省作成資料）一方で、民間の空き家は二〇〇三〜二〇一三年の一〇年で六五九万戸から八二〇万戸と一・二倍に増えており（総務省「住宅・土地統計調査」）、民間賃貸住宅に入居する高齢単身者は二二万人にのぼるとされています。

こうした高齢者や低所得者、障害者、外国人などを「住宅確保要配慮者」とし、その受け皿を公営住宅だけでなく民間賃貸住宅に広げるために、高齢者、障害者ら要配慮者の入居を拒まない住宅の登録制度や、登録住宅の改修・入居への経済的支援、住宅確保要配慮者のマッチング・入居支援などの枠組みを打ち出した新しい住宅セーフティーネット制度が二〇一七年一〇月から本格スタートしました。しかしマッチン

図表1　住宅確保要配慮者に対する大家の入居制限の状況

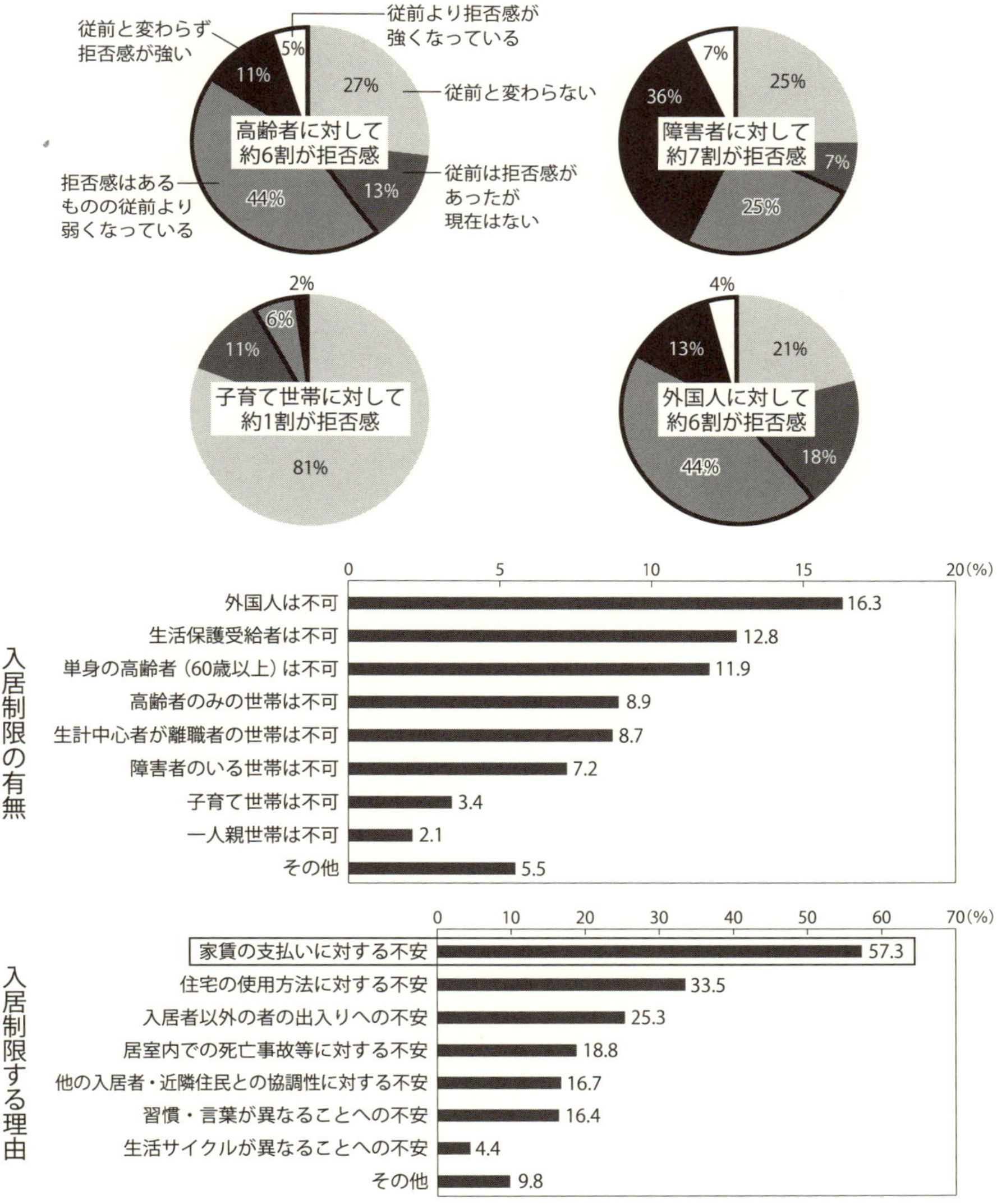

出所）日本賃貸住宅管理協会「家賃債務保証会社の実態調査報告書」2014年度。

グを行う情報提供システムを見ると、二〇一八年五月現在、登録住宅は全国でわずか六〇〇戸ほど、東京都においてはゼロです。また私から見ればその家賃はかなり高く、家賃の補助がどの程度になるのかにもよりますが、自分には縁遠いものと言わざるをえません。

同じく昨年、閉山した炭鉱労働者の転職促進のために建てられた雇用促進住宅一〇万戸あまりが民間企業に売却され、全国四六都道府県一〇〇〇物件、八万戸が一般向けの賃貸物件として公開されました。礼金・敷金なし、保証人不要、仲介手数料なし、更新料なし。シングルでも家族でも住め、抽選なしの先着順、公営住宅並みの低家賃で2DKが三万円台から賃貸されるというので、大きな期待を抱いて東京のN市にある物件を見に行きました。しかし、都心に近く、私鉄駅まで徒歩で出られるこの物件は、結局2DKで六万円（リノベーションの種類と階によって賃料が異なる）という賃料となっていました。もちろん周囲の同じ間取りからすると低くはなっているのでしょうが、公営住宅並みの家賃の住まいを求める者には高嶺の花です。他の地域には家賃三万円台の2DK物件もありますが、駅からかなり遠く、都心に通勤するには厳しい立地条件です。

住宅セーフティーネット制度やビレッジハウスのような低家賃をうたった民間住宅の出現は、公営住宅にかわるような低家賃住宅のニーズが、今後ますます大きくなることをふまえてのことだと思います。UR（公団）も高齢者向けの住宅を設定していますし、住宅セーフティーネット制度を活用し、空き家を改修し、低料金で利用できる高齢者のグループリビングなども立ち上げられています。私のなかでは今はひとり暮らしのイメージしかありませんが、年齢によっては、そうした住まい方もありうるかもしれません。

とりあえず当面は、住んでいる地域で間取りを縮小して、家賃を下げるしかないかなと思っています。そしてこうした民間賃貸をめぐる施策などの展開を見守りながら、子どもたちの動きも含め、終の棲家にいたるまでには、まだ何回か転居を繰り返していくことになりそうです。

子どもが巣立った後の広い家、という問題

森谷 順子（七〇歳）

夫婦共働きを当たり前のこととして、二人三脚で、小さいながらも中古マンションを購入し、三人の子どもを育てていた私に転機が訪れたのは一九九四年三月、四四歳のときでした。夫婦関係に溝ができはじめ、私に対する暴力もちらつきだし、子どもたちを連れて友人宅に逃げ込むようなかたちで別居となりました。その後調停離婚を裁判所に申し立てたものの不調。夫はそのままマンションでひとり住まいをしていましたが、固定資産税、管理費等の未納も重なることになり、債務請求が私の側に届くようになったのです。今度は弁護士を立てて、やっと離婚が成立したのは七年後の二〇〇三年一一月でした。

■ 家賃が生活を圧迫、一番苦しかった時代

別居した当時、三人の子どもたちは小学生・中学生・高校生の食べ盛り、私の年収は約三〇〇万円で、最大の問題は住居でした。母子四人がなんとか住める広さを求めて都営住宅を考えましたが、申し込み可能な年収の上限をわずかに超えていて応募できませんでした。しかし、公団住宅の最低収入にもすれすれで足りず、かといって生活保護基準にも届きません。民間の賃貸住宅に住むほかなく、本職とは別にバイトを探し、休日と夜間に二四時間営業店でパート就労を続け、生活費を補ってきました。

子どもたちの学費は就学援助と育英奨学金でなんとかまかないました。高校生になるとみなバイトをし

図表1　家計簿から見た年収と家賃の関係

年	給与（年収）	バイト収入（年間）	月額家賃（年額）	年収に占める家賃の割合	備考
1995（H6）	310万		7万5000（59万8000）	19%	民間（2DK）2年更新
1996（H7）	374万		7万5000（90万）	24%	
1997（H8）	385万		7万5000（98万9000）	26%	更新
1998（H9）	405万		7万5000（90万）	22%	
1999（H10）	400万	49万	7万5000（98万9000）	22%	更新
2000（H11）	400万	60万	7万5000（90万）	20%	
2001（H12）	400万	55万	12万4000（148万8000）	33%	古い一軒家を賃貸
2002（H13）	400万	63万	8万0750（96万9000）	21%	3月に都民住宅補欠当選，7万6800円～傾斜家賃
2003（H14）	321万	71万	9万5000（114万）	36%	
2004（H15）	310万	70万	8万5000（102万）	27%	第2，3子学業卒業，就職。第1子独立転居
2005（H16）	310万	60万	8万8000（105万6000）	29%	
2006（H17）	300万	33万	10万7000（128万4000）	39%	
2007（H18）	315万		12万2000（146万4000）	36%	バイト止め，第2子，第3子が生活費を入れはじめる（月7万円。以降も）
2008（H19）	407万		12万2000（146万4000）	30%	再雇用
2009（H20）	411万		11万5000（138万0000）	28%	60歳

注）年内に転居した際の月額賃金は，年額を12か月で割った金額を記した。

て家計を支えてくれたことには、本当に感謝の一言です。末娘が高校生になり、高校に通いやすい地域で私の通勤も一時間半で通える都民住宅にようやく補欠当選することができました。これまで、年収に占める家賃の割合を三〇％程度で維持するように努力してきましたが、家計を維持するには、バイト収入が必要でした（図表1）。ダブルワークをのりきることができたのは、ひとえに体力と健康、子どもたちの協力もあったからだと思っています。

■離別した高齢女性を苦しめる住居費の負担

全国の六〇歳以上の男女三〇〇〇人を調査対象とした、内閣府「平成二八年度高齢者の経済・生活環境に関する調査結果」を見ると、経済的

図表2 経済的な暮らし向きについて

(%)

全体	全く心配がない	それほど心配でない	ゆとりがなく多少心配	苦しく非常に心配	その他	心配はない(計)	心配である(計)
大都市	12.3	48.0	27.0	11.4	1.4	60.2	38.4
女性離別	14.5	29.0	33.9	22.6	—	43.5	56.5
全体	15.0	49.6	26.8	8.0	0.6	64.6	34.8

出所)内閣府「平成28年度高齢者の経済・生活環境に関する調査結果」。

図表3 大きな割合を占める支出(複数回答3つまで)

	食費,光熱水費	通信・放送受信費	住居費	交通費	保健・医療関係費
大都市	78.2	10.2	30.5	18.2	47.3
女性離別	77.4	12.9	41.9	22.6	38.7
全体	75.6	8.9	26.4	22.4	45.0

出所)同上。

図表4 負担を感じている支出(複数回答3つまで)

全体	食費,光熱水費	通信・放送受信費	住居費	交通費	保健・医療関係費	負担を感じているものはない
大都市	50.2	26.8	21.4	14.5	35.9	22.7
女性離別	51.6	8.1	35.5	19.4	32.3	21.0
全体	50.9	7.2	17.8	16.4	36.2	22.8

出所)同上。

な暮らし向きについて心配だという回答は、全体で三四・八%、大都市では三八・四%を占め、女性離別では五六・五%にのぼります(図表2)。
支出で大きな割合を占めるのは、全体では食費・光熱水費が七五・六ポイントで第一位、二位が保健・医療関係費で四五・〇ポイント、三位が住居費で二六・四ポイントですが、女性離別は保健・医療関係費よりも住居費が高く四一・九ポイントとなっています(図表3)。負担と感じる支出は、やはり一位が食費・光熱水費で五〇ポイントを超え、女性離別では住居費が三五・五ポイントと保健・医療関係費よりも負担を感じています(図表4)。

■定年後の暮らしに突入――都民住宅を無理しても維持

定年を迎える六〇歳が近づく頃に、職場環境に変化があり、六五歳まで継続勤務が可能になりました。仕事内容は過密になったものの、その分賃金も増加し、勤めつづけることができました。六五歳になり三二年勤めた職場を退職しましたが、手渡されたのは退職金ではなく多少の「慰労金」でした。

就労収入がなくなった私が、年金と預貯金を合わせて暮らせる期間は一〇年が限度です。子どもたちは独立してお金がかからなくなったものの、ＪＫＫ（東京都住宅供給公社）の現在の家賃（３ＬＤＫ）は民間相場と変わらず、四〇年払いつづけた公的年金はわずか年額一四〇万円で、家賃にほとんどが消えてしまいます。

子どもたちが独立した今、ひとり暮らしには広すぎますし、子どもたちからは、もっと安い賃貸を探して近くに引っ越してこないか、という誘いもあります。いっそ応募基準も満たしているし、再度、都営住宅を応募することも頭をよぎります。

でも、緑にめぐまれて落ち着いた自然環境は居心地がよく、更新料がなく修理・修繕も家主（ＪＫＫ）負担ですし、何よりここは苦労しながらも安心して暮らしてきた住まいです。ふすまや畳が黄ばんで古くなっても改装する余裕はありませんが、いつでも子どもたちが孫を連れて帰ってくる場所として維持しておきたい――それは、高齢になった親の誰もが抱く当たり前の感情だと思います。ですが、今は身の丈に合わない住居家賃に不安を感じながら過ごしています。

■人生の最終盤、これまでできなかったことを楽しむ

六五歳を過ぎて、もう働きたくないと思っていましたが、やはり年金だけでは暮らしていけません。知人の紹介で不定期ではありますが収入になる仕事がなんとか得られ、当面は助かっています。しかし、貯

蓄からの生活補助が毎年約一〇〇万円は必要で、特別な支出があるたびに生涯家計は縮まっています。

それでも、生活のための仕事中心の暮らしから解放された今、時間を有効に使って、これまでできなかったことにチャレンジしています。毎週夜、一時間半かけて都心に出かけフォルクローレ音楽の会に参加し、また地域ボランティアの活動も行っています。それは、私にとって社会とのつながりや関心を広げる大切な機会です。こうした活動を大事にしながら、積極的に前向きに生きていきたいと思っています。

Chapter 3

なお、のしかかる教育ローン

教育費という負債のスパイラル
——塾費用に教育ローン

篠田 裕子（五二歳）

四歳と五か月の二人の子どもを連れて別居をしたことから、私のシングル人生が始まりました。下の子の産後の肥立ちが悪く、実家の母に来てもらっては点滴を受けに通院しながら数週間を過ごし、その後、別居に踏み切りました。

その時点では何の展望もないのに、ぱっと視界が広がったような、胸いっぱいに新鮮な空気が広がったような、なんとも言えない感覚を得たことを今も不思議に思っています。結婚を機に仕事を辞めてしまったことが、そもそもの間違いだったと気づくのは、もっと後になってのことでした。

調停と裁判を経て離婚が成立したときは、上の子はすでに小学生に、下の子は保育園の年中さんになっていました。調停、裁判もたいへんでしたが、日々、毎日をがんばって生活すれば将来は今よりきっと楽になる、今がんばれば絶対にだいじょうぶだと未来を信じていました。私にもまだ未来があると思えていました。「子どもの貧困」などという言葉も概念も、まだその当時はありませんでした。教育費がこんなにも生活を圧迫し、金策で頭を悩ませ、身動きもとれないことになるとは、あの頃には思いもしませんでした。

■子どもの成長を保障しない養育費算定

子どもの養育費は、家庭裁判所の審判で確定しました。養育費の算定で考慮されるのは、離婚時の双方の年収と子どもの人数・年齢です。そのため、こちら側に将来発生するであろう費用は一切斟酌されません。そこにまず、ひとり親の貧困がつくられる一因があるのではと思います。

小学校の高学年になった上の子どもが、「学校で天然記念物って言われているよ」と口にしたのですが、何のことかわからずその意味を問いかけたところ、「習い事も塾にも通っていないのは自分ひとりだけだ」と言ったのです。養育費の算定時には、習いごとや塾のことなど何も考慮されていなかったことを、あらためて思いました。

■二人合わせて月七万円、塾の出費が家計を圧迫

子どもの成長にともなって手はかからなくなり、病気にもかからなくなってきたものの、精神的・経済的負担は増すばかりでした。

上の子が中学一年の三学期も終わる頃でした。なんと落ちこぼれていることが発覚したのです。その頃は私のほうが朝先に家を出ていたので、遅刻しそうになると子どもは自分で欠席の連絡を学校に入れていたのです。このことも後からわかったことでした。小学生の頃は一〇〇点以外のテストを見ることはほとんどなかったので、まさか落ちこぼれているなんて想像もしていませんでした。もうすぐ中学二年生になるというときに、英語の大文字と小文字もわからないと言うのです。

愕然としました。何が起きたのか、どうしたのか、慌てふためきました。その頃も働くことで精いっぱいでした。働き、収入を得ることで、子どもを守っていると愚かにも信じていたのです。

離婚時にお世話になった弁護士さんのところに駆け込みました。今、私がしなければならないことは何なのか、何がいけなかったのか？　すると先生はおっしゃいました。「将来大学に進学させようと思っているならば今、そのためにお金を投資するときよ」と。

そのアドバイスを受けて、塾に通わせることにしました。問答無用で子どもに何かを強制したのは、後にも先にもなく、このときだけです。遅れを取り戻すためなので、集団塾ではなく個別塾を選びました。先生一人に生徒二人です。いくつかの塾の体験授業を受けて、最終的に子ども本人が決めた塾に通うことにしました。

塾の費用は毎月約四万円。このときから、教育費という莫大かつ長期間にわたる負債に悩みつづけることになったのです。今までもぎりぎりだった家計は、さらに逼迫してきました。でもこれは必要な費用だと割り切って、前を向いて進むしかありませんでした。ほかの選択肢はなかったのです。

上の子が塾に通いはじめた頃、下の子も小学校四年生となり学童保育もなくなった時期に、算数の塾に自分も行きたいと言いはじめました。正直焦りました。戸惑いました。勉強したいという本人の意思があるならば、その機会を奪うことはしたくないという強い気持ちはありましたが、もちろん現実はそれを許せる状況ではありません。悩んで、悩んで、悩んだ末に踏ん張ることにして、結局下の子も通塾させることを決断しました。

兄弟姉妹割引で月額七万円となりました。でも、まだなんとか三食は食べていけるだろうと、ささやかな希望をもてていました。けれども、そんな状況下でも親の思いは届いていなかったのでしょう。上の子どもは、塾に行ったり行かなかったりという状態でした。何もかもがストレスフルで心身ともに疲労困憊でした。そんな状態のまま、高校受験を迎えることになりました。当然の結果ですが、県立高校に不合格となり私立高校への進学となったのです。

■入学時に八〇万円！　私立高校の学費を払うためにあらゆる制度を活用

三年間の学費を払い切れるのか、今後の生活はどうなるのか、さまざまな不安がぐるぐると頭の中をめぐっていました。制服、体操服、通学鞄、前期分の授業料など八〇万円近い金額の振り込みが即求められました。教育ローンを組む時間的余裕があるはずもなく、もしものためのわずかな貯金を取り崩すことで、なんとかしのぎました。

幸いにも進学した私立学校では、「経済的理由のために退学することはさせません。まずご相談ください」と入学式で話がありました。校長先生の裁量で無利子での貸付制度があるとのことでした。その話にとても救われた思いをしたことは今でも忘れられません。

ちょうどその頃、元夫が何度目かの結婚をして二人目の子どもが生まれるとのことで、当初決められていた養育費の減額請求調停を起こされました。家庭裁判所の担当裁判官から「立派な高額所得者」と表現された元夫でしたが、専業主婦の妻と生まれてくる子どもを含めて三人の扶養家族について経費が算定され、こちらの養育費が減額されてしまいました。〇歳児と四歳児のときに算定された養育費が十数年を経て減額されるという、想定外の事態がさらに加わりました。下の子が「自分たちだって父さんの子どもなのに」とつぶやいた言葉が切なかったです。

不愉快な調停を抱えつつも立ち止まっている余裕などなく、私立高校進学のために使える制度を調べられるだけ調べました。県の貸与型の奨学金月額三万円と学費減免制度の申請をしました。減免制度で授業料の三分の一が年度末に返還となりました。この減免制度は授業料のみに適用されるため他の用途には使えないのですが、私立学校は施設管理理費の負担が大きいのです。文字通りの自転車操業で、三年間の学費を捻出しました。

その学校は「塾も、家庭教師も必要はない、学校が責任をもって指導します」という教育方針でした。落ちこぼれで塾通いを始め、県立高校に不合格になった上の子でしたが、いつの間にかトップクラスの成績になり、指定校推薦をとって第一志望の大学に進学を果たしました。そして不思議な巡り合わせですが、今ではその母校の私立学校で英語の教師となっています。費用対効果で考えるならば上の子に関しては、終わりよければすべてよしと言うこともできなくはありません。ですが、高校では無利子の奨学金、大学では一種と二種の奨学金を併用し、さらに大学独自の給付型の月額四万円の奨学金を受けていました。本人は高校・大学の奨学金の返済が今後も続き、私も大学の授業料のために組んだ教育ローンの返済がまだまだ続きます。

■ダブル私立学校の打撃——教育費の多重債務者

上の子が大学在学中に四歳下の子の高校受験を迎えました。三年間問題のない成績で、受験に関しては何の心配もしていませんでした。しかし、下の子もまた県立高校を不合格。まさかのダブル私立学校の学費がのしかかることになったのです。言葉もありません。

中学校長会の給付型奨学金一〇万円を高校の制服など入学時の初期費用にあてました。中学校長会の奨学金は、高校入学後に近況報告のはがきを出すことが唯一課せられたことでした。教育ローンを増額し、職場の共済からも教育費の貸付けを受けました。あっという間に多重債務者となったのです。

下の子の学校は大学附属だったのでそのまま内部進学もできたのですが、行きたい大学があるからと外部受験をすることになりました。附属高校なので外部進学者に手厚いサポートがあるはずもなく、部活引退後の九月から予備校通いをすることに決め、約八〇万円を振り込みました。これには満期になった〇歳からの学資保険をあてました。当初は大学費用にと考えていたものですが、払込み期日の早いものを優先せざるをえません。その後も冬季講習、直前講習と、入ってくるお金は限られているのに出ていくお金はどんどん雪だるまのようにふくらんでいきました。そして本番の受験料だけでも約二〇万円超。合格するまでの費用だけで破産してしまう、そんな思いでした。

結局、初年度納入金の準備を含め、国の教育ローンを組むことにしました。国の教育ローンは事前申請で、合格通知をもって融資が実行されます。一人上限三五〇万円で、海外留学の場合は一〇〇万円増額されます。そして、ひとり親の場合、金利と返済期間に優遇措置があります。

■今日またがんばってみよう――健康で働きつづける

奨学金だけでは私立大学の学費はまかなえないため、親子で債務を負うことが大学進学の必要条件となってしまいました。私自身が仕事を続けられているかぎりなんとか返済は可能ですが、この先万が一、健康を害したらと思うとぞっとします。

最近報道で目にするようになった、大学卒業後に奨学金の返済ができず自己破産をしなければならない若者たちは、決して他人ごとではありません。貧困から脱却するには教育が必要と言われていますが、教育を受けるために奨学金を利用し、その返済で親子共ども貧困のスパイラルに巻き込まれてしまうという構図は、なんとか変えていかなければならないと思います。

教育費の捻出と返済に追われながらも、なんとかここまではもちこたえてきましたが、子どもの成長はうれしい反面自分の加齢でもあります。贅沢することなく働き、子どもたちを食べさせてきただけなのに、教育費で身動きできないほど逼迫してしまう現実は、情けなく本当に苦しい思いです。でも、別居したときのあの視界が広がった感覚を時々思い出しながら、今日もまたがんばってみようと思うのです。そうしたら明日ももう少しがんばれるかもしれないと思えるのです。健康で働きつづけることでしか、今のぎりぎりの生活が保てないことに不安は尽きません。それでも、自分の人生を有意義なものにして、楽しみながらこれからも年を重ねていきたいと思っています。

卒業までは親、卒業後は子にも奨学金返済としてのしかかる教育費

塩野 真知子（六二歳）

■ひとり親を支える制度をフル活用

私が四二歳で離婚をしたときに、高校生・中学生・小学生・保育園児だった四人の子どもたちは、今、全員が家を出て、末子以外はそれぞれ自立した生活を送っています。これまで子育てやひとり親のためのさまざまな行政の制度を受けてきました。児童手当・児童扶養手当・就学援助制度・医療費助成制度などです。その他、住んでいる自治体独自で行っている、ひとり親支援の制度や高校生に対する無返還の奨学金制度も利用しました。

■公立高校とは大きく異なる私立高校の費用

小学校と中学校でかかる費用は、就学援助制度のおかげで大きな負担はありません。教材や修学旅行等の費用はいったん支払ってから学期末に口座に振り込んでもらえます。給食費も免除になります。それでも習いごとをさせる余裕はありませんでした。日々の生活は私の給料のなかでまかなうように極力切りつめました。食べ盛りの頃は、安い材料でボリュームのあるメニューを毎日工夫していました。学校用品は大事にさせてできるだけ兄弟でおさがりが使えるようにしましたし、近所の卒業生から制服や鍵盤ハーモニカなどを譲ってもらったりもしました。

児童手当や児童扶養手当と子どもたちの父親からの養育費は、学費以外の用途には使わないと決めて余ったお金はすべて貯金をするようにしてきました。児童手当は中学卒業まで、児童扶養手当は高校卒業までですので、それからのことを考えると、できるだけ進学の資金として貯蓄にまわすしかありません。

高等学校は三人が公立に行きましたが、上二人のときにはまだ授業料が無償化される前でしたので、授業料減免制度の申請をして免除をしてもらいました。四人がそれぞれ高校三年間に受けた自治体からの月一万円の奨学金は、状況に応じて、部活動の費用にあてたり大学の受験費用として貯金したり有意義に使うことができました。

末子は私立高校に行きましたが、ここで公立と私立とに大きな違いがあることを経験しました。授業料に関しては、私立学校に通学している学生のための援助もあって、学校によっては以前ほど負担の差がないとも言えます。しかし、入学時に支払う入学金や施設費が高いのです。また制服や体育着など用意すべきもののすべてについて、公立に比べて費用がかかります。入学してからのセミナーや修学旅行、部活動の合宿なども含めると、その都度の出費も大きく違いました。たとえば、公立では三万円以内の制服が、私立では日本橋三越製のウール一〇〇%で六万円近くしました。部活合宿もリゾート地のホテルだったり、修学旅行は海外だったりと費用も桁が違ってきてしまうこともあります。

■学校よりも重たい塾・予備校の費用

教育費の負担で一番重たかったのは、学校よりも高校受験や大学受験のための塾や予備校の授業料の支払いでした。なかには塾や予備校にまったく通わずに希望する高校や大学に合格する子どももいることでしょう。しかし、四人の子どもたちはみな中学三年時の一年間と、専門学校に行った以外の三人の子は大学受験のために二年間、塾や予備校に通いました。累計するとけっこうな額となり、教育費全体の大きな割合を占めています。一人につき、高校受験予備校では五〇万円から一〇〇万円、大学受験予備校では一〇〇万円から二〇〇万円がかかりました。二子は美術系の大学に行ったので、通常の予備校のほかに受験直前には美術系の予備校にも通い負担はさらに大きくなりました。

■奨学金という名の借金を抱えて卒業

長子は自宅から私立大学へ、二子は地方の公立大学、三子は自宅から専門学校へ進学し卒業しました。三人とも日本学生支援機構から奨学金を受給し、アルバイトをしながらがんばりました。就職活動時期は、どの子も奨学金を返していくことを念頭におき、必死になっていたのがわかりました。今はそれぞれふさわしい仕事に就いてはいますが、みな社会に出た第一歩から多額の借金を背負っています。せめて、成績や親の年収にかかわりなく無利子になってほしいと願わずにはいられません。昔のように、正社員として就職をしても必ずしも安泰とは言えないのが今の社会です。

現在は、末子が地方で私立大学に通っています。彼もまた奨学金を受給しながらアルバイトを掛け持ちしています。心配をしてもきりはありませんが、後は子ども一人ひとりの人生であり責任なので見守るしかありません。

■教育のためにお金を使い切って思うこと

子どもたちに本人が望む教育を受けさせることができたのは、ひとり親の制度に助けられたからです。子どもたちの父親からの養育費の支払いもきちんとありました。また、私の実家から有形無形の支援があったことも支えになりました。とはいえ、いつもぎりぎりでやってきました。「こうしたい」「この勉強をしたい」という子どもたちの要望は、親としては無理をしてでもなんとかかなえてやりたいと思ってしまいます。「そのうちに」「できるようになったら」では、夢を諦めさせせしまうのではないかと、その時々に精いっぱいのことをしてきました。その結果、お金は教育のために使いきってしまい、私自身のこれからを考えての貯蓄がまったくできていません。今は、私ひとりと地方の大学に通っている末子のみになりましたので、これからは少しずつでも蓄えを増やして老後に備えていかなくてはなりません。

子どもたちはそれぞれ志す道に進むことができていますが、何かが一つでも欠けていれば、このようにはできなかったと思います。ひとり親の場合、教育費は大きな負担です。高等学校までの授業料については支援もありますが、受験のための塾や予備校の授業料はすべて保護者がまかなわなければなりません。高校も大学も、学校での授業以外に専門の受験予備校に通わなければ希望する学校に進学できないのが現状です。親の経済状態によって子どもたちの進学の道が左右されてしまうことのないような社会を望みます。また、無返還、せめて無利子の奨学金制度が完備されて、若者たちが奨学金という借金に押しつぶされることなどないようにと切に思います。

Chapter 4

年金だけじゃ暮らせない

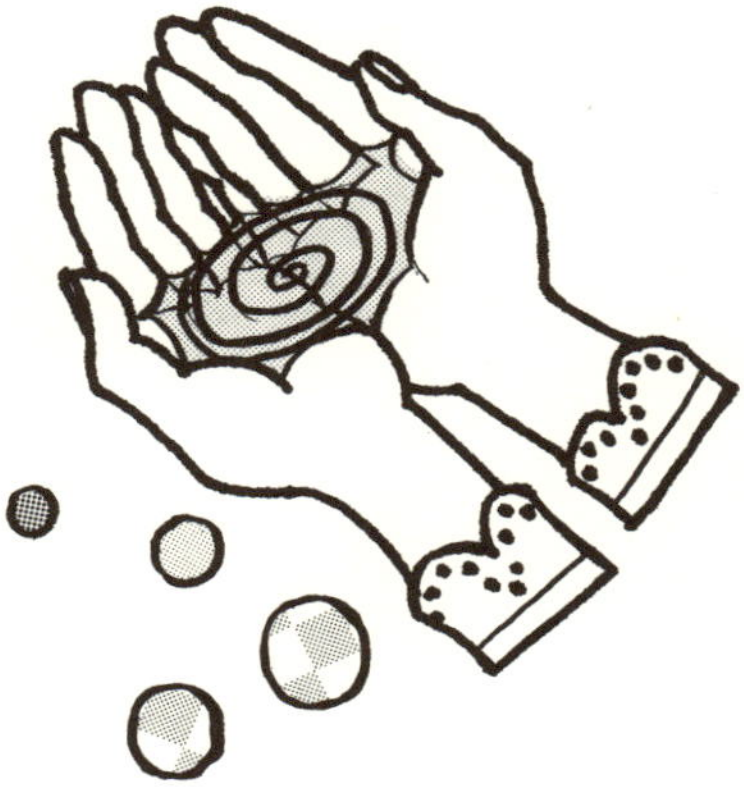

高齢シングル女性を仕事へと駆り立てる年金制度
——求められる「生き方に中立的な制度」

浦野 昌子（七〇歳）

■四二年間、年金保険料を払いつづけても手取りでわずか月約一〇万円

私は、二五歳の息子と二人暮らしで、現在、公的機関に派遣職員として週四日勤務しています。二〇一六年に実施したわくわくシニアシングルズのアンケート調査結果（本書、資料2参照）でも、「(低年金のため）働ける限りは働く」という人が七割近くいたのですが、私もまさにそのひとりです。

厚生労働省によれば、標準モデル世帯（平均的な男性賃金で四〇年間厚生年金に加入した夫と、四〇年間専業主婦の夫婦）の二〇一八（平成三〇）年度の夫婦二人分の年金月額（老齢基礎年金を含む）は、二二万一二七七円となっています。一方、二〇一七年度の私の年金月額は額面で一一万九六二一円（図表1）と、標準モデル世帯のほぼ半分にしかなりません。

最近も、標準モデル世帯では税の配偶者控除の限度額が上がりました。妻は、八〇年代に導入された第三号被保険者として、年収が一三〇万円未満であれば、配偶者が加入している厚生年金が保険料を一括して負担するので、個別に納める必要はありません。つまり、独身者やシングルマザーも含めた厚生年金に加入している人たちで、第三号被保険者の国民年金保険料を負担しているとも言えるわけですから、なんで？　と複雑な気持ちになります。

図表1　年金受給額（2017年度）

年金種類	支払先	年額年金	備考
老齢厚生年金	日本年金機構	662,611	厚生年金420月
老齢厚生年金	企業年金連合会	191,073	上記のうち基金分126月
老齢基礎年金	日本年金機構	581,769	国民年金480月のうち，厚生年金と重なる期間を除いた納付（免除含む）月は81月。未加入月86月
	合計	1,435,453	月額119,621円

厚生労働省「平成二八年度厚生年金保険・国民年金事業の概況」によると、六五歳以上の厚生年金保険（基礎年金含む）は男性の平均月額が一七万六六五五円、女性の場合は一〇万八九六四円、女性は男性の六割強となっています。世帯主である男性が大学を卒業して六〇歳定年まで働いた場合、厚生年金に加入している期間はほぼ三七年だそうです。

私は、四二年近く年金に加入し、そのうち三五年は厚生年金に加入しています。厚生労働省がモデルとする世帯主の加入期間に匹敵するほどです。ですが、月の年金受給額から介護保険料や国民健康保険等を控除された手取りは、一〇万円そこそこです。

多くのシニアシングル女性たちは、働けなくなったらこの年金額から家賃や光熱費、通信費などを払いながら食べていくことになります。一〇年ほど前に公営住宅に入れた私は、家賃の面で今は助かっていますが、民間住宅だったらお手上げです。シニアシングル女性の老後は、居住・医療・介護などの社会保障がともなわないかぎり、独立した生活を営めない悲惨な状況にあります。

六五歳以降の支払い分で月八六七一円アップ

厚生年金は七〇歳まで加入できるので、六五歳を超えても加入しつづけていましたが、あと二月ほどで六九歳になろうという二〇一七年三月、派遣会社からの打診を受け、時給一〇〇円アップと引き換えに社保をはずれました。

それまでの年金支給額は、六五歳時点での計算をもとに定額が支給されていましたが、厚生年金をはずれたため、六五歳からの四年弱の間に会社と私が払ってきた年金保険料額を合算した新たな年金額が決まりました。二〇一七年六月に送られてきた「国民年金・厚生年金保険　支給額変更通知書」を見ると、月額で八六七一円増でした。まあまあかと思う反面、この四年弱、一万二〇〇〇円前後を毎月天引きで支払ってきたことを考えると、労多くして益少なしという気持ちにもなります。

今後の年金受給額は、物価スライドや賃金動向によって多少の違いはあるにしても、この通知書の金額と企業年金連合会から支給される基金分の合算となります（図表1）。

この企業年金連合会から振り込まれる年間一九万円余り、月額一六〇〇〇円弱には、本当に助かっています。これは二〇代半ばから一〇年余り働いたK社で厚生年金基金があり、任意の上積みを最低単位でしていた結果です。

私のように職場を転々とせず、長く上場企業などで勤めあげるモデル世帯の男性たちは、この厚生年金基金部分が大きく年金受給額をふくらませているのでしょう。企業年金制度を有する会社で長く働いたかどうかも老齢期の年金受給額に大きな差となります。ただ、今やこの制度を継続できる企業はどんどん減っています。私が加入していたK社の企業年金基金も二〇年ほど前に活動を停止し、事務一切を企業年金連合会に移すという連絡が来ました。大企業と、中小零細企業で働く人や、非正規雇用で働く女性たちの間に格差をもたらしてきた企業年金は、ますます特権的な制度として残っていくのでしょうか。

■低い賃金と高すぎる保険料――年金額を引き下げた未納期間

私の年金受給額を低くしている要因の一つに、合計七年余り（八六か月）の国民年金の未納期間があります（図表2）。

年金に対する認識が甘かったことが原因の一つです。そもそも一九六一（昭和三六）年にできた国民年金

図表2　職歴・年金歴

年齢	年代	加入年金	月数	勤務先	雇用形態等	備考
20～22	1968.5～1971.3	国年	35			学生　任意　未納付
22～23	1971.4～1972.10	厚生	19	D㈱	正社員	新卒
23～25	1972.11～1975.3	国年	29			求職活動・職業訓練・バイト
25～35	1975.4～1985.9	厚生	126	K㈱	正社員	厚生年金基金加入126月
36	1985.10～1986.12	国年	15			雇用保険受給・求職期間
37～38	1987.1～1988.1	厚生	13	M㈱	アルバイト	資格取得活動
38	1988.2～1988.5	国年	4			資格取得講座　求職期間
39～46	1988.6～1996.3	厚生	94	O㈱	正社員	倒産
46～49	1996.4～1997.12	国年	21			技術専門校6か月　求職活動
49～56	1997.1～2003.3	国年	63	A研	非正規	公務非常勤　社保未加入
56～56	2003.4～2005.3	厚年	24	T法人	非正規	公務非常勤　社保加入
56～60	2005.4～2008.4	厚年	37	C派遣	非正規	派遣スタッフ
60～69	2008.5～2017.3	厚生	107	C派遣	非正規	派遣スタッフ
		合計	587	内訳：国民年金（167月）のうち，未納付（86月）のため，20歳から69歳までの年金加入月数は厚生年金（420月）＋国民年金81月（全額納付26月，全額免除52月，半額免除3月）＝501月		

制度では学生やサラリーマンの妻たちは任意加入で、国民皆年金（日本に住む二〇歳以上の人は公的年金に全員加入）が創設されたのは一九八五年（施行一九八六年）。その際に、第三号被保険者制度ができましたが、当時の私（だけでなく、多くの女性たち）は、「年金」のことは意識の外のことでした（同じ年に成立した、労働者派遣法や男女雇用機会均等法は大きな出来事として記憶していますが）。

その後、バブル時代から崩壊へと大きく経済が動くなかで勤務先が倒産し、四〇代後半で三歳児を抱えるシングルマザーの私が正規職に就くことは、ほぼ望めない状況になっていました。

なんとか公務の非常勤職員となり、一五万～一七万円程度の収入で暮らすことになった私にとって、絶対に払わなければならない家賃八万九〇〇〇円が一番の重荷でした。

民間と違って倒産しないはずの職場は、二～三年ごとに法人化やリストラなど、労働環境が厳しくなっていきました。非正規雇用になった当初は、仕事時間は七～八割にしかなっていないのに、収入が半減なんて！　と不満を感じたものですが、賃上げどころか雇い止めや賃下げに抗するのに追われていました。まだ子どもは保育園児でしたし、朝から晩まで働きながら、雇用を守り母子福祉の悪化をくい止める活動にも忙しく、じっくり考える時間や本を読む時間、郵便局や役所に行く時間をひねり出すことさえ、とてもきつく感じていました。

国民健康保険は母子の命にかかわるのでとにかく払いましたが、国民年金の一万三〇〇〇円余り（当時）は半額免除や全額免除の申請をしたりしたものの、それすら未払いのままになったりしました。非常勤職員といっても週二八〜三〇時間は働いていました。社保が整備されていたら……と今では残念に思いますが、その当時は収入が半減してまもない時期でもあり、天引きで差し引かれるものはちょっとでも少ないほうがいいという認識でした。しかし、それが五年も続いたことで、年額で一〇万円ほどの年金減へとつながったようです。

無知のままに手取り額にこだわっていた日々は、あっけなく終わりました。職場の法人化にともない社保完備となったためです。久しぶりに健康保険証、厚生年金証書に復帰しました。二年後には、職場の都合で派遣社員に移行しましたが、社保については移籍後もほぼ同じ条件でした。

その後、公営住宅に当選・入居し家賃が三分の一ほどになってから、社保未加入の五年ほどの国民年金未納分は、遡及支払いの制度を利用していくらか追納できました。ですが、非正規雇用者の賃金は低すぎ、逆に国保・国年の負担は重すぎて、制度自体が破綻していると思わざるをえません。

■年金受給者になって思うこと

老齢厚生年金の計算の基礎となっているのは、現役時代の平均標準報酬月額です。「国民年金・厚生年金保険　支給額変更通知書」には、「年金の計算の基礎となった平均標準報酬額等の内訳」が記されています（図表3）。

職場が法人化された二〇〇三年には、非常勤職員の多くが雇い止めとなりました。私は、派遣会社に登録することで雇用主が派遣会社にかわったものの、四月一日から前日までと同じデスクに就くことができました。当時、五五歳、小学校高学年となっていた息子と二人、路頭に迷うことなくすんだことに、本当にほっとしました。

しかし、七年間の非常勤職員時代と、その後派遣職員として二〇一七年春に六九歳になる手前で厚生年金を脱退するまでの一四年間の収入は、中小企業で働いた正社員時代と比べると約半分です。男女にほとんど賃金差のない公務の正規職の人たちとの格差は四～六倍、あるいはもっとかもしれません。もともと、中小零細企業で転職を重ね収入が低かったことに加え、人生後半の二〇年余りを、家計補助として働く女性たちとともに非正規職として低賃金で過ごしてきたことなどが、低年金に直結しているのでした。

そもそも年金制度は、標準モデル世帯（夫が会社員、妻が専業主婦）を基準にして設計されているため、単身世帯や共働き世帯が増加した今の時代に合っていません。

私は、「標準」からはずれ、低賃金とそれを補う児童扶養手当をはじめとする福祉施策などの支援と多くの人々の支えを得て、飢えることなく働きつづけることができました。その点については、感謝しかありません。子どもも成人しました。ただ子どもには、時間的にも物質的にも寂しい思いをさせてしまったことを謝りました。謝ってすむわけではありませんが。

その一方で、低年金の老後を引き寄せる結果を生み出すことになりました。で

図表3　年金保険の加入期間と平均標準報酬月額

厚生年金保険の加入期間	平均標準報酬月額
2003年3月までの期間 126月（D/M/O社計）	289,024円
同上　厚生年金基金期間 126月（K社）	185,810円
2003年4月以降の期間 168月（派遣）	147,858円

も、逆に私たちにしか言えないこと、この地点だからこそ見えてくることもあるはずです。たとえば小さなことですが、この一文を書こうとして、あらためて通知の数字を見比べたり、計算したり、調べたりするうちにいろいろな発見がありました。

簡単ではありませんが、男・女の性別によらず、シングルでもカップルでも、働いていてもいなくても、老齢期には同じように年金などの社会保障を受けることができ、安心して基本的な社会生活が送れるような社会を、なんとか次世代に手渡したいものです。

苦労して払いつづけた国民年金基金が今の暮らしを支える
――おひとりさまフリーランスとして生きて

明日香　狂花（七〇歳）

■学校卒業後、広告関係の会社に勤務

美術系の短大を卒業後、社会保険が整備されている中小企業の広告・企画部に正社員として入社しました。その後、転職を重ねて三社目が倒産したときには、二〇代半ばになっていました。

広告業界は、広告主の〆切に合わせるために徹夜仕事は当たり前、二六歳定年と言われるほどの激務で、若くて体力がないと勤まりません。当時（一九七〇年代）は、母性保護規定により女性の深夜残業は禁じられていて、その求人欄には「男性のみ」と条件が明記され、女性は門前払いという状態でした。

身の振り方を考えていた私は、イラストも描けて、出版社や新聞社から仕事の依頼もあり、デザインもできたので、二五歳を機にフリーランスになりました。会社員時代はずっと厚生年金に加入していましたが、国民年金にかわりました。保険料は月額一〇〇〇円未満と安く、保険料は苦労なく納められるだろう、と楽観していました。

■フリーランスになり収入が不安定に――滞る国民年金保険料の支払い

〆切の関係で「半徹」が多い日々でしたが、幸いなことに若くて健康で病気知らずでした。フリーラン

スになったときに、ひとり暮らしを始めました。自立したものの貯金は少なく、倒れて親の面倒にならないように、リスク管理のために疾病特約付き生命保険に入りました。

毎月決まった収入のある会社員とは違い、仕事を納めてから一〜二か月後に代金が支払われることや、五万円以下の仕事なのに三か月の手形で支払われることもありました。銀行口座の残金がゼロのことも多々あり、国民年金を引き落としにするのは怖くて振り込むようにしていました。払えなければ、免除制度があることは知っていましたが、お金があるときにまとめて払えばいいと楽観的に考えていました。安定した収入を得るために、屋号をつけたり仲間と組んで事業を興したりしました。事業資金を調達するためにかえって金欠状態が続くことが多くなっていきました。その結果、国民年金保険料の支払いの先送りが増え、気がつくと保険料の納付は虫食い状態になっていました。

■厳しい生活アドバイザーの助言——初めて老後の年金を意識

三四歳の頃、「高齢者問題を考える」サークルに属し、セミナーを企画していました。そこで生活アドバイザーと知り合いになり、年金のことを聞かれました。納付状況を説明すると、「このままだと国民年金の満額支給は受けられず、いいところ月六万円に届くかどうかでしょう」と、厳しい現実を突きつけられました。暗澹たる老後を想像している私に、生活アドバイザーは、今からでも年金を増やす方法が二つあると、付加年金と国民年金基金制度について説明をしてくれました。

付加年金は、国民年金の上乗せ制度で毎月国民年金料＋四〇〇円を二五年払ったとすれば、毎月の支給額が五〇〇〇円増えるものです。それ以上の金額を望むなら、国民年金基金（以下、「基金」）に加入する方法があり、三四歳は年金が多くもらえるラストチャンスだと教えてくれました。ただし、どちらか一方しか選べず、途中で止めたら掛けたお金は戻らないからよく考えるように、と親身になってアドバイスしてくれました。

「基金」では、三四歳の私の場合、一口一万四八五〇円加入すると毎月二万円が国民年金に上乗せされるとのことでした。「基金」の掛け金は一口以上、上限六万八〇〇〇円まで何口でも可能で、上限いっぱいの口数に加入した場合、九万円上乗せになります。

掛け金は年齢で決まっていて、三五歳を超えると同じ一口の掛け金が一万一七〇〇円と安くなるかわりに、もらえる金額が二万から一万五〇〇〇円になるとのことで、三四歳は境目の年齢でした。とはいえ、国民年金保険料が払えなくなったら、「基金」は無効になるリスクがありました。六〇歳になるまで、この先二五年間滞納せずに支払いつづけられるか。二五年後までに国民保険料はいくら上がっているのか（当時の月五二二〇円のままではないでしょう）。不安はありましたが、「基金」と合わせて月五万円くらいなら、なんとか継続できるか、と「基金」に加入することを決意しました。

世は昭和から平成へと移り、パソコン時代に突入し、パソコンの精度が上がるたびに一〇〇万、二〇〇万と多額の設備投資が必要になりました。ところが逆に仕事の単価は下がりつづけ、しかも、外注してくれていた多くの会社が経費節減に動き、ほとんど仕事がこなくなってしまいました。安い家賃を求めて公営住宅に何度応募してもあらず、やむなく共同トイレ、風呂なしの下宿みたいなところに引っ越ししました。将来年金をもらうために、払いつづけることを最優先にしてトコトン生活費を削る窮乏生活が六〇歳まで続きました。国民年金の保険料は、予想をはるかに上回り月額一万四四一〇円になっていました。

■ 年金の支給はあっても、広がる老後の不安

そのような暮らしを続けた甲斐あって、現在は、厚生年金と国民年金に「基金」を合わせて月約一〇万強円となっています。介護保険料や国民健康保険料などが天引きされると手取りで一〇万円を切ってしま

いますが、たまたま安い家賃のところに暮らせているおかげで、贅沢をしなければ、そこそこの生活を送ることができます。今にして思うのは、よく保険料を払ってこられた、本当に運がよかった、奇跡的だ、ということです。

職種はデザインから福祉関係の調査のような仕事に変わったものの、今も細々とフリーランスの生活を続けています。働けることは喜びでもあり、近年じわじわと目減りする年金額を補充し、一万円でも二万円でも貯金をして、深まる不安に備えたいと考えています。でも、稼ぐには限度があります。

一番の不安は住居です。公営住宅ではないので、今のところは死ぬまで住みつづけることはできません。建て替えが起きれば、今より高い賃貸に移動を余儀なくされます。その前に、家を貸してくれるのか、保証人には誰がなってくれるか、という問題があります。

保証人と言えば、体をこわして入院する場合にも必要です。保証人協会に頼めばよいのですが、それも、お金がかかります。やっと年金の保険料から解放されたのに、これからまた、もしものことに備えて会費を払うのかと思うと暗澹たる気分になります。

高齢になると認知症になる心配も高まります。高齢施設に入所するときも必要になります。成人後見制度について、検討する時期にきたのかもしれません。

つい先日、信用金庫からカードのクレジット機能終了のお知らせがきました。これまでクレジットを利用したことはないし、問題を起こした覚えもないので窓口で確かめると、その信用金庫ではクレジット利用の終了年齢を決めているとのことでした。社会から拒否されたような寂しい気持ちになりました。免許証も年齢制限をすべきだという声があります。これから高齢者は「一人前の能力の証明」が要求されるようになるかもしれません。しかし、年齢差別に声をあげ、戦って生きていくのもしんどいです（なんて言うと、「ボーっと生きてんじゃねえよ！」と叱られそうですが……）。

■団塊世代のおひとりさまパワーが制度を変える?

国民年金保険料は、今や月額一万六〇〇〇円を超えています。フリーランス、学生、会社の社会保険に入れない非正規の人、自営業の人は、個人単位で国民年金に加入しなければなりません。経済や雇用が不安定な状況下では、国民年金保険料の負担に押しつぶされる人もいるでしょう。一方で、会社員の妻である被扶養者(第三号被保険者)が保険料を払わなくてもいい仕組みになっているのは、とても不公平だと思います。年金の支給年齢を七〇歳にしようなどと言われていますが、高齢者の生活を保障するはずの年金は、誰にでも平等な制度にしてほしいと思います。

何十年も前の話ですが、野菜の段ボール箱が小ぶりになったことがありました。農業の担い手が高齢者や女性になったことから、その体力的な負担を減らすためでした。問題を抱える当事者一人ひとりの声は小さくても、その数が増えると課題があぶり出され、改革せざるをえない状況が生まれます。今後、増加する団塊世代のおひとりさまの数のパワーが、保証人問題や暮らしを支えてくれない年金問題などの改革の起爆材になることに期待しています。

Chapter 5

待ったなし、親の介護にどう向き合うか？

実母が骨折から要介護へ!
――グループホーム入所までの顛末記

小森 智子(六八歳)

私の母は当年九一歳です。実家は農業で生計を立てていましたが、祖父が病気で他界し、終戦後二〇歳で遠縁の父と結婚した当時、末の妹は小学生だったそうです。そんな母は父の兄弟姉妹の世話をしながら、姉と私の娘二人を育てました。終戦後の貧しい田舎での生活の苦労は言葉に言い表せない、と折にふれて話していました。

父は気にいらないことがあれば怒鳴る、物を投げる、家事育児にかかわるのは「男の沽券にかかわる」と考えている、典型的なDV夫でした。私は幼少時代、そんな父が怖く両親の口論が始まると、母の口に手をあて、エプロンをひっぱり「やめて」と言ったものでした。母は、そんな父の支配のもとで鬱屈が続くと家事や農作業を放棄し、一日中布団に潜りこんでいました。幼かった私は、母の横にいながら、とても心細かったことを覚えています。

二〇年前に父が難病を患ったときは寸暇を惜しんで看病し、七五歳で他界したときは、「父ちゃんが死んだ。どうしよう」とおろおろしていた母を見て、「DV夫でも、折り合いをつけて生きてきたのかなぁ」と思ったものでした。

母の年金は月五万円でしたが、父が残した預金があったので生活の心配はありませんでした。また、義兄の定年後に姉夫婦が実家に戻り、家を建てることになっていたので、そのときに父の遺産で母の家も建てることにしていました。

私の実家のある村は限界集落で、村に残っているのは六〇歳以上の高齢者ばかりです。昔から続く「しきたり」だけは残っているので、各家の負担も重いのですが、姉夫婦が戻るまでは母が行事や会合の出席を担っていました。父の存命中にできなかった「自分の裁量で物事を決められる」立場になり、生き生きしてきたように見えました。戻ってきた姉夫婦、とりわけ義兄との折り合いは決してよいものではなかったのですが、生活を別にしていることが幸いし、つかず離れずの関係で過ごせたようでした。私はというと、口をだせば混乱のもとになるので、ときどき電話をし、たまに帰省するという程度のかかわりにしていました。

生業が農業のため、母は身体はいたってじょうぶで、内臓の病気とも無縁、血圧も正常という医者が驚くほどの健康な人でしたが、八五歳を過ぎた頃から認知症が見られるようになり、当時は要支援2の認定でした。認定をきっかけにデイサービスに通うことになりましたが、もともと人と話すのが好きなのでデイサービスをすっかり気にいり、楽しみにしていました。デイサービスとともに親しんでいたのが畑や田んぼの草取りです。「きれいにしておくのが残った者の務め」が口癖です。

■転んで膝を骨折、入院手術、予期せぬ介護が始まる

耳が遠くなった母に電話しても会話が成り立たないのをいいことに、ご無沙汰が二年ぐらい続いた二〇一六年の秋、姉から「母が畑からの帰り道で転倒し骨折した。来週入院手術するけれど、認知症の症状があるので夜の付き添いをしてくれと病院から言われたから帰ってきてほしい」と電話が入りました。母のことはほとんど姉に任せていた私は、仕事を調整し病院に駆けつけました。ベッドに横になっていた母は、膝が痛いのと自由の利かない身体にイライラした状態でしたが、それでも私が駆けつけたのがうれしかっ

たのか、「ありがとう」と手を合わせ、涙を浮かべていました。

ですが、「この病院はトイレに連れて行ってくれない」と、さっそく苦情が始まります。トイレのたびに看護師を呼ぶのですが、あまりに頻繁なので、「少しぐらいは我慢しないと……。オムツをしますか?」と言われる始末です。母も負けてはいません。「ここの病院はトイレにも連れて行ってくれないの? お金を払っているのに、とんでもない病院だ」と悪態を並べます。私は、高齢者がトイレに頻繁に行くことは知っていたので、いろいろと母に話しかけたり「算数ドリル」や「お絵かき」を一緒にしたりと、気持ちがトイレに向かないように工夫しましたが、それも限界があり、「トイレ」と母が言うたびにナースコールをして、親子で看護師に嫌われてしまいました。

術後のリハビリが始まると、「家に帰りたい。病院はいやだ」と言いはじめ、思いどおりにならないと「トイレ、トイレ」の連発。看護・介護は忍耐だなぁ、この延長にあるのが「介護地獄」なのか、と思ったものでした。

■自宅介護か施設か?

母はもともと要支援2でしたが、骨折で歩行困難になったので介護度が上がることを前提として、「自宅介護」か「施設か」を退院前に決める必要に迫られました。母に聞けば「自宅」と言うに決まっているので、姉と私で決めるしかありません。

「施設に入れるのはかわいそう、私が家で看る」と言い張る姉に、「現実を見てほしい」と私は応じました。母と義兄の折り合いが悪く、しかも、義兄が事故による高次機能障害を発症し不安定であるうえに家のことは何もしないので、私は母の預金で施設に入ってもらおうと説得しました。看護師をしている姪の「自宅介護するとお母さんが倒れるよ。そのとき誰がお父さんとおばあちゃんの世話をするの?」という一言で、姉も自宅介護を諦め、施設探しを入院中にすることにしました。

■グループホーム入所を最終目標にしての施設探し

母の退院も私の滞在リミットも迫っていきます。できることから取り組むことにして、まず、医療費や介護費用を安くするために母を義兄の扶養から外し、世帯分離をして単独世帯にしました。施設のことや介護認定の変更申請は専門家に相談しないと判断がつかないので、母が通っていたデイサービスの施設長・ケアマネジャーに相談しました。ケアマネからは、「介護認定の変更を入院中にやってしまう。おそらく要介護2に該当するだろうが、特別養護老人ホームは要介護3以上なので該当しないし、空きもない。デイサービスに通っているお母さんを見るとグループホームが合っていると思う。評判のいいところがあるが、今は空きがない。とりあえず老人保健施設は空きがあるので、そこに入ってグループホームの空きを待ったらどうか」と具体的にアドバイスを受けることができました。デイサービスで母を看てくれているので、とても的確なアドバイスでした。

老人保健施設のパンフレットをいくつか見て、病院に併設されているところを選び、見学に行きました。施設長にサービス内容や施設の理念なども聞くことができ、実際の利用者の様子や部屋も見学させてもらいました。入るのは母なので実際のところはなんとも言えないのですが、利用者に寄り添う姿勢は伝わってきました。介護難民になるよりはいいだろうということで、仮入所の手続きをしました。

ケアマネに推薦してもらったグループホームは、先方の都合もあり見学に行けなかったので、ネットから情報を得ました。地方にしてはめずらしく第三者評価的なことを受けている小規模な施設で、サービス提供の方針に「入所者ができることは自分でやってもらう」ことなどが入っていて、ここだと寝たきりにはならないだろうと思えました。評判については「人に聞くのが一番」と思い、入院付き添いの家族や病院近くのお店の人に聞いたりしました。田舎で高齢化が進んでいることもあり、みなさんよく知っており、老人保健施設の評判はイマイチでしたが、グループホームは高評価でした。なかには、「要介護4でも特養に入れなかったので、『看取り』までグループホームでやってもらい、いい施設でした」という話もありました。

■老人保健施設を追い出され、自宅介護でグループホームの空きを待つ

退院後の方向が決まったものの、母にどう話すかには悩みました。自宅に帰れることを楽しみにしている母を思うと心が痛みましたが、「だいぶ治ってきて術後の経過は順調だけれど、退院して家に帰ると、またつまずいて骨折する心配があるから、リハビリ施設で訓練したほうがいい。先生もそう言っているし、長生きしてもらいたいから……」というようなことを話しました。家に帰る、と強く主張するかと思っていましたが、「まだうまく歩けないし、先生がそう言うなら仕方がない。だけど病院も施設もお金がかかるのが気になる」と、こちらが拍子抜けする返事でした。「お金なら、今まで病気もしなかったからそっくり貯金が残っているよ。一〇〇歳まで生きてもだいじょうぶだから」と少々オーバーに話し、安心してもらいました。

ところが、退院後に仮入居した老人保健施設では、担当介護士と合わなかったようで毎日のようにいざこざが絶えず、年末までに退去してくださいと言われてしまいました。無理にいつづけても母もつらいだろうということで、年末に自宅に戻ることにしました。

そのため、グループホームの空きがでるまでは自宅介護になりました。姉が農作業をしながら介護をするのもたいへんなので、私が正月明けに二週間ほど帰省しました。家はバリアフリーになっていますが、物も多くて安心して歩けるところが少ないので、どうしてもベッドにいる時間が多くなります。体力の衰

えと、歩行困難が心配になり、以前通っていたデイサービスに通うことにしました。

二週間の介護帰省が終わって東京に戻った直後、グループホームの空きがでて入居が決まったという連絡がありました。当初は自宅で看ると言っていた姉も、義兄と母の間を取り持つことに疲弊し、「家のことも農作業もあるし、疲れてしまう……」と言いだしていたので、予想以上に早い入居の決定には、本当に救われました。

母には、「家はこんなに危険がいっぱい。このままでは身体も弱くなるのでグループホームが空いたら入ろうね。楽しそうだし、友だちもできるから……」と折にふれ話していました。都市部のグループホームの費用は月一五万円でも安いほうだと言われますが、母が入っている施設は月額八万~九万円です。この差は土地代と人件費なのでしょうが、手ごろな費用に助かりました。

一年後、母の認知症は進んでいなかった

母が入所したグループホームは、二ユニット、一八人の小規模施設です。運営主体は株式会社ですが、有料の老人ホームも併設されており、施設としては一〇年ぐらいの実績があります。

頻繁に行きたくなるトイレも自由に行かせてもらえ、夜は簡易トイレをベッドの横に置いてくれるので、母はこの施設が気に入ったようでした。もともと料理が好きな母は、座ってできる調理の手伝いをさせてもらっていました。施設は入居者が何もしていない状態がないように気を配り、夜ぐっすり眠ってもらうために身体を動かす工夫をしているそうです。母も入所後すぐに睡眠剤なしでも眠れるようになったと聞き、とても驚きました。

膝の手術から一年後、挿入していた金具を取る簡単な手術で入院することが決まり、私も一年ぶりに帰省しました。久しぶりに会った母は、顔色もよく、施設のこともよく話します。施設に入ると認知症が進

むと聞いていたので、ちょっと心配だったのですが、症状の進行はなく、歩行も杖なしでできるようになっていて、介護度も要介護1に低下していました。

入院一週間も過ぎると「ホームに戻りたい。みんなに会いたい」と言いはじめ、ホームの職員が面会に来たときには、泣いて喜んでいました。いい施設との出会いをつくってくれた人の縁に感謝しています。

■母の入院・介護で思うこと

完全介護の病院であっても、認知症だったり身体が不自由だったりすると、付き添いがいない場合には、患者が忍耐を強いられると痛感しました。母と同室で施設から入院した高齢の女性は、目が不自由なため水を飲むのもベッドを下げてもらうのも人の手が必要でしたが、ナースコールを教えていないようで、その都度大声で叫んでいました。けれど、その声が看護師詰め所に届かないので、私がそのたびに「呼んでますよ」と詰め所に伝えていました。

また、介護度が高くなって施設に入所した場合も、手続きや施設との連絡、衣類の補充、病院への通院など、家族が担うべきことが多くあることも体験しました。家族の支えを前提として医療や介護保険制度が成り立っており、身内のいない高齢シングルは、この現実をどう乗り越えていけるのだろうと考えたりしました。不測の事態や老いからくる身体能力の低下は、誰にも訪れることです。どのような家族形態であろうと安心して老いていけ、サポートが受けられる社会を高齢期にいる私たちが社会に発信していくことは、自分たちを守るだけではなく、次の世代が生きやすい社会につながるのだろうと思います。

たくさんの手に支えられて高齢者住宅に暮らす母
――共倒れしない介護のかたちを考える

西浦 通代(七〇歳)

■ひとり暮らしだった母が入院後サービス付き高齢者住宅へ

二〇一五年一一月のある朝、当時、要介護1でひとり暮らしをしていた九三歳の母は、デイケアの迎えの車がきたときに、靴が履けないほど足がむくんでいたそうです。熱もなく具合も悪くなかったのでスリッパを履いて出かけ、午後には腫れもだいぶ引いたといいます。その日は、ちょうど主治医の定期受診だったので、母の面倒をみてくれている弟の配偶者(義妹)がいつもどおりにデイケアの後にクリニックに連れて行くと、意外にも、心不全の疑いがあるとのことでした。診断書をもらい、市内で一番大きい総合病院に搬送され、そのまま入院検査となりました。

私は、電話でこの話を聞きましたが、急変するような状態ではないとのことで、年末年始の休暇を待って帰省し、病室に母を見舞いました。点滴、導尿管と、管につながれてはいましたが、わりと元気そうでした。

近年母は、一一月頃に不調を訴えることが多く、その年は腰が痛いと言いだして整形外科にも通っていました。主治医が処方する内科薬に加えて、整形外科からの脊椎管狭窄症の痛みを軽減する薬や、足がよくつるのでそれを抑えるための漢方薬だとか、たくさんの薬を服用していました。そのためもあったのか、血中の諸成分のバランスを見ながら点滴の量を加減する治療が行われました。日に日に回復し、院内でも九〇代で最高の治療成果を上げていると言われるほどでした。

入院からひと月経ち、歩行や立ち座りなどのリハビリも進み、血中諸成分のバランスも落ち着いた時点で、退院後、どうするかという話になりました。バリアフリーに改修し住み慣れた家が好きな母でしたが、主治医の意見では、足元がおぼつかなくて目が離せない状況のため、家に帰ってひとり暮らしを再開するのは難しいとのことでした。

さっそく院内の相談窓口やケアマネジャーなどに相談し、経費面も含めていくつかのケア付きホームを探すことになりました。そして、以前に母たちが女学校時代の友だちを見舞ったことがあり、よい印象をもっていた比較的新しいサービス付き高齢者向け住宅に空きがあることがわかり、二〇一六年一月の終わりに引っ越しました。

サービス付き高齢者向け住宅(サ高住)というのは、いわば高齢者のための賃貸住宅です。バリアフリー構造で、安否確認サービス、生活相談サービス等が提供されます。住宅としての家賃契約とともに、それぞれの居住者ごとの介護計画にもとづいて、食事や生活支援サービスなどについて契約を結びます。医療面のサービスを含む場合もあります。母が入居したのも市内の医院が併設したもので、毎月二度、検診に来てくれます。助かりますが、その費用は確実にかかります。

入居後に母は三か所のデイケアに週四回通っていて、介護料金だけで月一七〜一八万円になります。さらに、実家を維持したままで、私が帰省して母の一時帰宅につきあうときの費用などを合わせると、月額二三〜二四万円ほどかかってしまいます。地方なのでこの額ですんでいるのかもしれませんが、毎月の介護料金は年金額とトントンで、その他の五万円前後の経費は、貯金残高を取り崩しています。それでも、このままだったら一〇〇歳くらいまで自力でやれそうです。

■骨折を機にケアプランを作成、デイサービスを積極的に利用

父は七五歳になろうという頃に心筋梗塞で逝き、すでに二三年ほどになります。私は大学進学を機に東京に出てそのまま就職し、郷里を離れて半世紀になります。弟たちは転勤のために何年かおきに居住を転々としたのですが、比較的早くに郷里に家を建て、子育て期には母たちと棟を並べて住んでいました。

そのようななかで母は、父亡き後の七〇代後半から八〇代半ばまで、のびのびと自由な時間を楽しんでいたと思います。父の軍人遺族恩給や厚生年金遺族年金、自分の国民年金と合わせて月額一七~一八万円ほどの年金があり、女学校時代の友だちとあちこちのツアーに出かけたり、毎年定期的に東京にも出てきて私の家に滞在し、東京暮らしを楽しんで帰っていきました。

それが、八〇代半ばを過ぎる頃、腎炎で入院したのをきっかけに、家事支援のヘルパーさんに掃除に来てもらったり、高齢者向けの緊急電話サービスなどを利用したりするようになりました。そしてある夜、トイレに起きて戻るときにつまずいて転び、骨を折ってしまいました。片方の脛の軽い骨折でしたが入院が必要で、最大の問題は、退院後どうするかということでした。

当時、弟一家も東京で暮らしていましたが、子どもたちも独立し、これからの暮らしの拠点をどうするか考える時期にありました。いろいろ話し合ったそうですが、最終的には、義妹が九〇歳になろうとする母を放っておけないと覚悟を決め、郷里の家に戻ることになりました(弟は、出向先への単身赴任期間もありますが)。

弟たちが戻ってきてくれたおかげで、母も安心して元の生活に戻ることができ、義妹を介護責任者として本格的に介護認定を受けて、ケアプランを立てることになりました。

そして、デイサービスの積極的利用が始まりました。二か所で週二回ずつのデイケアでは、お風呂に入り、お昼ご飯とおやつをいただくほか、昔の女学校の友だちにも会えておしゃべりができたり、曜日ごと

に手芸や工作、歌やリハビリ体操、習字などさまざまなメニューが楽しめます。義妹は、母の残っている力ができるだけ持続できるように極力手を出さずに待つというケア方針のもと、朝夕の食事を用意し、主治医であるクリニックへの通院や歯科、眼科などの医者通いにと奔走してくれました。義妹のペースをかき乱す面もあったでしょうが、日常に息継ぎをする時間をつくり変化をもたらすうえでは、私がたまに帰省するのも必要なことだったと思います。

■介護保険制度講習会と生活支援ヘルパー研修会に参加――共倒れしない社会的支援へ

私は、今年(二〇一八年)に入り、市が主催した生活支援ヘルパー研修カリキュラムという二日間の講習に参加してみました。介護保険の改変で国からの制度移管があり、市民のなかから生活支援ヘルパーをたくさん養成したいようで、二日目の最後の時間には、介護事業者への登録・面談会までできるようになっていましたが、実際に登録した人は少ないように見受けられました。

ケアマネジャーらとのチームワークであるとしても、利用者と一対一で向かい合って感情のやりとりの比重も高い労働で、求められるものが多いのに、報酬が一時間一二〇〇円程度(一件六〇分~一二〇分以内)と、労働の対価と言える額ではないと思い、訪問ヘルパー登録をする気にはなりませんでした。

母が入居しているサ高住では住宅に付随してヘルパーステーションがあり、ヘルパーらが交替しながら常駐しており、訪問介護の点数を利用して朝夕の見回りなどが行われます。事務室(ステーション)から利用者らの各部屋に出向くことが「訪問」なのです。

義妹らは、サ高住を「施設」という認識でいます。私は、介護保険制度上、サ高住は施設ではなく住宅であるという認識でいます。母本人はよくわかっていません。サ高住側は、ときには施設として利用者や家族にあたり、ときには住宅所有・管理者として家族らに対応しています。入居して二年になろうという時期に、サ高住の所長から「(母が不満をあらわにするようになっているが)更新の時期ですし、いかがなさいますか」という連絡があったと義妹から電話がありました。私は「えっ!? ケアマネさんのケア計画で入居しているのに、住宅側が更新云々ってどういうこと?」と応じました。「いずれ近いうちに膝を交えて……」ということになり、正月休みの直前に、私と弟、義妹で事務所脇の応接室で顔を合わせました。介護主任から三〇分ほど話があったのですが、母の「問題行動」が話題になりました。食事中に「まずい」と怒りもあらわに食堂から退席してしまったり、「杖を取り上げられ意地悪されている」とあちこちに言っている(実は、腰痛のため手押し車での移動を整形外科で奨められているが、杖でも歩きたい母に対し、サ高住としては、転倒の危険のある杖の使用は家族など付き添いがいるときに限り、安全確保に努めているとのこと)。また、デイケアに行った先で腕を擦りむいたときにもサ高住に伝えないなど信頼関係がない状態になっている。ケアする側としても信頼がないところでは、よい介護はできない、という趣旨でした。

ヘルパー研修の教科書には、「介護事業は利用者がこのようにしたいという暮らし方の希望を実現するためにそれぞれの専門家が知恵を寄せ合い介護計画を策定し、それぞれの専門家が担う」とありました。その点から言えば、入居してのケア計画を立てていたケアマネジャーを抜きにしての話し合いであったし、「出て行ってくれと言っているのではありません」と何度も言われたのも腑に落ちないものがありました。とはいえ、母をもてあまし気味な様子に、長年そばで世話をしてきた義妹と、ヘルパーたちの思いがよくわかりました(だからと言って、私や弟が母の口をふさぐこともできないのですが)。

私たち戦後ベビーブーマーも二〇二五年以降はみな後期高齢者となり、家事にも不自由さが増していきます。介護を受ける順番がまわってくるのもそう遠くありません。なんとか、お互いの能力を活かして支援しあえる、老々介護でも共倒れしない社会的支援を広げていく必要があると思います。

そして母のように、要介護になっても判断力があるうちは、主体性をもって自分らしい生活を求めていくことができればと思います。もちろん、それは、年金などの金銭的保障や支援体制があって実現できるもので、私自身の場合、経済的には母のようにはいきません。まだまだ安心できる老後が見えてきませんが、同じシニアシングルの女性たちの支えあいのネットワークがあれば心強い、と思っています。

認知症の母との二人暮らし
――シングル非正規女性の家族介護という難問

渡辺 照子(五九歳)

私が二五歳、息子が三歳、娘が一歳になる前のこと、子どもらの「父親」が失踪し、それから、人生の大半をシングルマザーとして生きてきました。生活と子育てだけを目的に、やりがいやキャリアアップなどとは無縁の仕事を渡り歩く日々でした。三六歳の息子と三三歳の娘は、すでに家を出て別居しています。子どもらが私という存在がなくてもなんとか生きていけると思った矢先、八八歳になる母の認知症が途端に進行しはじめました。

そんな母との二人暮らしを始めて約二年。カネなし、人手なし、時間なしの私が、母の介護をどう乗り越えたらいいのか――。国の制度の情報収集、使いこなし、仕事との両立、自分の乏しいリソースの見直し等、シングルマザーのときの子育ての問題が、今度は親の介護の問題として現れたのです。

■八八歳の母との二人暮らし

自分がシングルマザーになるまで、私は母が好きでした。昭和一桁生まれ。青春時代を軍国主義教育で奪われ、軍服のカーキ色と、「焼夷弾の落ちる音のようだから」と打ち上げ花火が嫌いな母の若い頃の思い出話を聞くのは面白く楽しみでした。兄弟姉妹は一〇年長の姉だけ。私の叔母にあたる母の姉は、大恋愛の末、実家の東京下町を捨て、雪深い新潟に嫁いでしまいました。ですので母は、自分の両親と祖母の三人の高齢者の面倒をみなければならなくなったのです。戦争未亡人の女性に住み込んでもらい、二人して在宅で洋裁の仕事もしていました。二九歳のとき、見合いで結婚した同年齢の父は貧乏の子だくさんの生まれで長男。末っ子の妹の面倒をみていたせいか、育児は父のほうが慣れていたようです。母に抱っこされた記憶はありません。私は父におんぶされたり、うどんを食べさせられたことしか覚えていません。

私のなかの母の姿は、大きな裁ち鋏を手に一心不乱に高価な服地を切ったり縫ったりしているものです。母のそばには刃物や針があり、駆け寄って抱きしめてもらうことはできませんでした。依頼主の、無理とも言える〆切に間に合わせるように徹夜もめずらしくはありませんでした。当時、余った生地で私と妹に服を仕立ててくれるのが本当に楽しみでした。このようにして、私のあるべき母親像は身体的に子どもをかわいがるよりも、自分の能力を活かし、いくばくかの収入を得て養育責任をまっとうするものになったのです。私はそれで満足でした。誇らしくもありました。母は手に職をつけてお金を稼いでいるのですから。

高校生になってから私は社会問題に目覚めました。さかんに戦時中の苦労話を両親から聞かされていた私は、両親に当時の国民の戦争責任を厳しく問うたのです。それに影響されてのことか、母はのちに、中国残留婦人の帰国問題*にかかわり、何人もの残留婦人の日本受け入れに必要な身元引受人になりました。活動の一環で中国等に視察にも行くほど行動的でした。

＊ アジア・太平洋戦争時に国策として「満蒙開拓団」が中国に「渡満」しました。日本の敗戦時、旧ソ連の侵攻による逃避行のなかで中国に置き去りにされ、中国人家庭に保護された者のなかには女性が多くいました。その女性たちが高齢化し、日本に「帰国したい」となったときに、日本での身元引受人が必要だとのことで、母は自分と同年代の女性たちの援助の一環として、多くの「中国残留婦人」の身元引受人になったそうです。

ところが、私がシングルマザーとなり、二人の子どもを連れて実家に舞い戻ったとき、母は私の勝手な期待を裏切り、私にも、母にとって初めての孫である私の子どもたちにも冷淡でした。「あんなろくでもない男の子どもをかわいがる気がしない」「(実家のことを) この家はあなたやあなたの子どもの家ではない」。シングルマザーになってまもない状況で不安にかられた私が唯一頼れると思っていた母の変節でした。好きだった母はもういません。私は物心両面で母を頼らず、出て行けと言われた実家に居座り、自分の力だけで子どもを育てようと決心しました。

その後幾星霜、八五歳を過ぎた頃から、いつまでもしっかりしていたと思っていた母の挙動がおかしくなってきました。私の娘が結婚で家を出て私との二人暮らしになったとき、母の認知症を私も認めないわけにはいかなくなったのです。

「今日はどこに行くの? 何時に帰ってくるの?」「仕事に決まってるでしょ。買い物してから帰るから夕方になるわよ」。外出前にはこの「会話」を必ず一〇回は繰り返します。「今日が火曜日ということに何の意味があるの?」「なぜ、今日という日は今日なの?」即答に窮する問いかけもめずらしくありません。「料理はなんとかやるわ」と言いますが、ご飯は水加減がおかしく中途半端なおかゆのようですし、鍋をガスコンロにかけたことはすっかり忘れます。母が「洗った」と称した食器はまるで汚れが落ちておらず、全部私が洗い直します。私が外出をしているとき、母に食べてもらおうと用意した手づくりのパンやお菓子、おかずは私の知らないどこかに隠してしまい、だいぶ経ってから真っ黒に変質したクロワッサンが発見されたこともあります。日中、訪問販売が来ると生活必需品でもなんでもないものを買ってしまいます。通信販売では電話売込みもあり、言われるがままに購入し、その品物のありかもわからずに日数が経ち、通販会社から支払いの督促状が届きびっくりさせられることも何回かありました。だからもう現金は一切持たせていません。私は複数の通販会社に母からの注文には応じないよう依頼しました。自分でできることが少なくなった母の買い物の楽しみを奪うのは本意ではありませんが、余裕のない家計費を無駄にはできないからです。

母の認知症で哀しかったのは、私の娘の結婚式のときです。あらかじめ母にも礼服、アクセサリー、靴等の一式を用意していました。当日、私は普段まったくしないメイクアップを式場でしてもらうため母を残し、早めに家を出ました。式場までの付き添い役として息子に母を託したのですが、式場に到着した母の服装が異様でした。紫のカットソーのワンピースにスニーカーだったのです。私の指示を受けて用意した服に着がえさせようとした息子の言葉を頑として聞きいれなかったそうです。

子どもの頃、母に叩かれた記憶はまったくありません。ところが何度頼んでも薬を飲まない母に業を煮やして声を荒げてしまった私を母が叩いたのです。筋力の衰えた母の手が痛いわけはありません。ですが、「認知症は、穏やかだったはずの母をこうまでも変えてしまったのか」との思いが私の胸に痛みを与えました。

■シングル非正規女性の家族介護の問題

勤務先に母からの携帯電話が鳴ったときが何回かあります。「とにかく来てくれ」の一点張り。心配になって急いで早退すると「寂しかったから電話した」とのことです。これが繰り返されると仕事にも差し支えます。介護離職の文字が頭をよぎりました。「辞めずとも介護休暇があるではないか」とも考えられますが、私は何かにつけて正社員より立場の弱い派遣労働者です。三か月更新を約一七年も繰り返す不安定な働かされ方で介護休暇取得が可能とはとうてい思えません。そこで、なんとか母を「寂しく」させない策を講じる必要があります。

地域包括支援センターに相談し、介護保険で利用可能なサービスを知りました。介護認定も受け、要介護1となりました。日頃、今日が何月何日かもわからないほどなのに、外面のよい母は認定時にだけ認知症が失せるのです。認知症に限って言えば、私の実感は要介護2くらいなのですが。現在、週三回のデイサービスに通ってもらっています。朝一〇時半に送迎バスが到着し、介護職員に玄関先まで迎えにきてもらい、帰宅は六時半です。週に二回は入浴させてもらいます。自宅での入浴を勧めると全力で拒否し、入れるまで一日がかり。それに自宅の狭い入浴室では介添えもできません。だから施設での入浴はとても助かります。昼食は薄味だがおいしいそうです。デイサービスでは、三〇年前に死んだ親友に会えると言ってみたり、奇声を発するおじいさんがいやだとこぼしたりします。これで我が家の支払いは一か月約二万円ちょっと、実にありがたいです。

母が一か月で受け取る年金額は約一七万円。介護保険料は月額約五〇〇〇円。母のお気に入りのメーカーの紙パンツとパッドは一か月に約一万円。実家は、実は地主から追い立てを受けているのですが、旧借地権の権利を行使し、年間約一二万円あまり法務局に地代を供託して住みつづけています。家賃がかからない分、助かります。母の存命中は居住が可能でもその後はわからないのですが、とにかく今はこの実家に住みつづけるしかありません。

母は私が用意する替え下着を何度も確認します。そして、私が用意した服装が気に入らないとか、出かける気分ではないとかさんざん愚図ります。自分の子どもを保育園に預けるときには、このような「苦労」はせずともすんだのに、今になってデイサービスに親を通わせるためになだめすかせる日々が待っていたとは想像もしませんでした。

救いは妹と姪っ子、私の子どものサポートです。妹は月に一回、母の病院通いに付き添ってくれます。連れ合いが長年勤務していた会社を解雇されてから、妹は介護職に就き、現在は一五年のベテランです。独身時代のバブルの頃は、夏はウィンドサーフィン、冬はスキーに明け暮れ、遊びまくっていた人です。シングルマザーになった私の窮状には目もくれなかったのに、苦労が人を変えたのか、介護職で多くの高齢者を看てきたこともあり、母との生活を送る私に理解があります。「私は仕事だから割り切ってやっているし、仕事が終われば介護をしなくてもすむ。でも、お姉ちゃんは自分の家が介護の場だからたいへんだよね。私は仕事でもっと認知症が進んだお年寄りを看ているからまだだいじょうぶなほうだとは思うけれど、自分の親だと思うとつらいよね」と何度も言ってくれます。息子と娘は休暇に実家に来て、家の片付けや家事の手伝いをしてくれます。母はほかの誰よりも自分の娘や孫の訪問を喜んでいることも私をほっとさせてくれます。

ふっと思いました。親の介護のサポートをしてくれる親族がいないシングルの場合はどうなるのだろうと。兄弟姉妹や子どもがいない、いても何らかの事情でサポートできない場合はひとりで介護すべてを抱え込まなければならない、シングルだから自分が働かなければ収入はない、それでいて介護を分担してくれる係累もいないとなれば八方塞がりです。比較するのは失礼な話かもしれませんが、私はそのなかでもまだましなほうかもしれません。セーフティーネットのないシングル女性が、親の介護のときは自らをセーフティーネットとして機能させなければならないとは過酷な現実です。

実はしばらく介護ウツになったことがありました。何度も同じ質問に答えねばならない母との対話に疲れてきたのです。生活空間のなかでまともな会話が成り立たないことのストレスは、それが毎日のことであるだけにボディブローのように効いてきます。母の尿の匂いが母の居室に充満し、それがいつまでも私の鼻につきました。そのせいか料理がつくれなくなり、母との食事もできなくなりました。家事をするのが億劫になり、無気力になりました。割高と知っていてもデリバリーを利用するしかないときもあったほどです。幸いなことに仕事や活動で外出ができ、多くの人との交流があったからウツは深刻にならずにすみました。友人・知人が私の境遇に共感し、自分の介護の話、親との関係を話してくれ、介護による孤独感をもたないですむことも助かりました。だからこそ介護離職を余儀なくされ、家族介護に専念せざるをえない人たちの苦労を思うと胸が痛みます。地域に家族介護のサークルがあることも知りました。親の介護に取り組む方々と今後、交流したいと思います。

介護においても非正規労働者の場合は仕事との両立は不利です。官公庁や派遣会社のパンフレットには「正社員でなくとも介護休暇は取得できる」とあります。派遣労働者には忌引きはなく、親の葬式のためには有給休暇を取るしかないのですが、介護には一応制度はあります。介護休業とは家族の世話などをするために一定期間会社を休むことで、対象となる家族一人あたり最大九三日が上限になります。しかし、派遣労働者のように有期雇用の場合は一定の条件が課せられます。

(1)同一の事業主(派遣会社)に引き続き雇用された期間が一年以上あること
(2)介護休業開始予定日から九三日を経過した後も引き続き雇用されることが見込まれること(九三日経過日から一年を経過する日までに労働契約期間が満了し、更新されないことが明らかである者を除く)

私は「九三日」がひっかかります。九三日とは三か月のことです。多くの派遣労働者は三か月更新を繰り返すことがめずらしくありません。この細切れ期間の反復を連続させて、結果的に年単位で同じ派遣先企業で働く場合があるからです。派遣先企業は気に入らない派遣労働者を三か月単位の契約期間を設けて任意に雇い止めにできる「システム」が、派遣労働者が介護休暇を取得するときに邪魔をするのではないでしょうか。「派遣のくせに介護で三か月も休むのでは派遣を使う意味がない」と別の派遣労働者に「取り替える」ことは現行法上、違法ではありませんから、介護休業の申し出はリスクがともないます。非正規労働者が全労働者の約四割を占め、彼ら、彼女らが非正規のまま高齢化し、親の介護を担う時期が到来すると、この問題が顕在化してくるのではないでしょうか。

私の場合、施設に母を預ける方法もむろんありえます。ですが、民間の施設は費用が高すぎて無理です。公的サービスのため費用が安く、私の経済力では長期入所も可能な特別養護老人ホームが妥当ですが、入所要件は要介護3以上なので、要介護1の母ではそれも無理でしょう。

親の介護は同じケア労働とはいえ、子育てとはまったく違います。子育てのゴールは子どもの成長を愛でながら子どもの自立をめざすことですが、親の介護のゴールは親の死です。そして親を看取った後、今度は自分の老後の問題が待っているのです。

■自分が介護を受ける立場になったら

母の今の姿は三〇年後の私かもしれません。娘は結婚していますが、私と同様、派遣労働者の息子はきっと独身のまま中年になります。ですから息子と同居して、認知症になり息子をいら立たせているかもしれません。それに非正規労働者歴が長く、現役時代の収入が低い私の年金受給額はたかがしれています。私が要介護状態になったら、介護の負担と経済的負担の二つを子どもに負わせる可能性が大きいことは目に見えています。

そうは言っても、介護保険ができたことで、家族が親の介護を抱えずとも親不孝ではないとの意識が浸透してきたのはありがたいことです。私が要介護状態になったとき、国の介護制度はどうなっているでしょうか。シングル、非正規労働の人間が増加する一方の日本で、介護する者、される者、双方が人間らしく生きてゆけるよう今から備えねば、と思います。自分個人としても、社会のあり方としても。

母の姿に学ぶ「私のしまい方」

太田 風子（六七歳）

■九二歳の母の「忙しい」一週間

母は九二歳、大正時代の最後に生まれ、戦争を体験しています。さすがに足腰が弱くなり杖を使っていましたが、側彎症が進行し要介護1となりました。車いすが介護保険で借りられたので、今年（二〇一八年）三月には、安心して市民会館のコンサートに一緒に行くことができました。

母の一週間は、けっこう忙しく予定がつまっています。

月曜日に理学療法士が来訪。火曜日の午後にはリハビリでふれあいの家へ。水曜日に近くの内科医院へ（介護度の判定をしてくれる）。木曜日にヘルパーが部屋の清掃に来てくれて、その後、マッサージを受けます。そして夕方に私が泊まりに行きます。金曜日には一〇時にデイケアの迎えが来て、四時帰宅。土・日曜日に二人の弟が、一週交代で訪問し、時々泊まっていきます。

予定がないときには、近所の友人が話に来たり、長電話をしたり、押し車で散歩をしたり、録画した歌番組を見て過ごしています。食事は、朝食はストックしておいたパンや補助食品ですませ、昼食は宅配弁当のおかずをつまんで果物、発酵食品を食べます。そして、私や弟たちが泊まりに行かない日の夕食は、ご飯とみそ汁をつくり、粕づけの魚を焼いたり、宅配弁当の残りををおかずにして食べています。

今年二月の介護保険や健康保険を利用した（理学療法士療法、リハビリ、デイケア、マッサージ等）自己負担費用は、合計一万六六五〇円でした。これに車いすのリース代五〇〇円がかかります（非課税世帯・東京都杉並区在住)。

■父という存在からの解放

父は一二年前、糖尿病に肺がんを併発して、入院半年で亡くなりました。私の週一回(木曜日)の母の家での泊りは、父の死の少し前から始まりました。

当時、私は母の家に通うのがとても憂鬱でした。気持ちを奮い立たせるための時間や、気分転換をする時間が必要なほどでした。その家は、かつて父と口論して、「女のくせに」という呪文のような言葉をあびて、立ちつくすしかない場所でした。父は戦争に行き、ビルマで捕虜になった戦争体験者でした。反戦の考えを教えてくれた父です。でも同時に、弟たちとは違う〝女〟の立場を迫られる場でした。私にとって独り立ちとは、その父から離れることでした。その頃、私は「男を立てる」母の生き方に、賛同することができませんでした。

そんな父が亡くなり、母はしばらくは落ちこんでいたのですが、だんだんと自由に自分の時間を過ごせる経験を重ねることになりました。年金と家の心配がなく、誰に寄らずとも生きられるようになったからです。暮らしのなかで困りごとがあったときは、地域の電気屋や八百屋、美容士さん、リタイアした大工さんに相談して解決していきます。習いごとやカラオケの友人、私たち兄弟の学生時代のお母さんたちと行き来して、そんな近所づきあいから、介護保険でリハビリに通うことができると聞きつけて利用するようになりました。胃薬や睡眠薬を処方してもらう医院には、押し車を使い歩いて通っています。

今母は、大事な結論は自分ひとりで下しています。認知症を心配して検査したり、施設見学に行くこと、白内障の手術をすることも自分で決め、私と弟を施設や病院に同席させたりします。

■母と障害のある人たちから学ぶ、私の老後

私は今NPO法人で、障害のある人たちがデイケアや作業所に通いながら地域で生活するサポートをしています。その事務所は、米国の自立生活運動の影響を受けながら、国と都や市の福祉制度を利用し運営しているのですが、施設や家庭のケアのもとにいた障害のある人たちが自立した生活を経験していくときに、顔つきや体つき、元気のあり方まで変化していく姿を目の当たりにすることができる職場です。

そのような経験から、高齢者がそれまで積み重ねた生活を手放して施設などに移ることは、自立や個人の経験を失うように思えます。たとえば母の場合、庭や台所に置かれた道具や手づくりの洋服などから切り離された生活は、今発揮している「能力」さえ忘れてしまう要因になると思います。

私は障害のある人たちが、杖の先でスイッチを押したり、舌の先でパソコン操作して詩や歌を楽しみ、ヘルパーとコンサートに行き、仲間の相談に応えていく姿を見てきました。傍らにいて感じたのは、彼らの楽しさ・喜びでした。「彼らのように誰かに助けてもらえばよいか」と楽観的な老後が見えてきました。

私と母は、生きてきた時代や、働く女性の環境、家に対する考えの違いから、同じ家で生活するのは難しいと思います。母も気づまりだと言います。そう言いあえるのは、週一回通っている成果かと思えます。

あまり無理せず無理させず、車椅子で出かけるときのヘルパー役をしたり、ドラマの感想や、ひ孫(私の六人の孫)の話などを言いあえたらいいと思います。母の判断に衰えがあれば補助し、弟やケアマネジャーに助けを求めるつもりです。親子であっても、互いの性格と生活の違いを認めあえればいいと思います。

母の状態は動いていて、そのたびに私は問題を抱えます。けれど、今、母が見せてくれる姿は、「私のしまい方」を考える大きな助けになっています。

わくわくシニアシングルズの声②
……自分の支え、生きる力になったこと

☆「人とのつながりです。とくにシングマザーのグループの一員となったことです。同じ立場の人たちと接することで勇気をもちました。ひとり親のための、さまざまな情報を得ることができました。心の拠り所でした。また、シングルになった理由を詮索することなくそのままを受け入れてくれた身近な友人たちの存在も心の支えになりました」(六二歳)

★「ひとり親なので、やはり子どもを食べさせて学校に行かせてひとり立ちさせるということが自分の支えになっていたと思う。今後は子どもに頼らずに基本ひとりで生活していくことが目標になるのかなと予感している」(五九歳)

☆「離婚で母子家庭になったときに相談できる友人がいたこと。母子家庭の団体に関わっていたことで、シングルで生きることを肯定的に受けとめられたのが生きる力になった。子どもたちとの時間を意識的につくるべきだったなぁと反省。ちょっと悔いがあります」(六七歳)

★「支えになったのは子どもの成長。子どもにもっと愛情をかけてあげればよかったと思っています」(五九歳)

☆「仕事をしていたこと自体が支えになったと思う。実家暮らしで結婚願望もなかったので両親に感謝している。結婚しないのであれば、ひとりで何でもできるようにと、早めに自覚したのもよかったかも。もちろん寂しいときもあります」(六七歳)

★「しんどいとき、いつも本屋に行っていた気がします。それこそ何時間でも。あとは、充実していた頃の職場の記憶五年間分が支えです」(五一歳)

Chapter 6

それでも今を前向きに生きる

私の問題解決法
――仲間たちは大きな支え

田中 咲子（六七歳）

■定年退職後、年金とコールセンターの収入で、まずまずの暮らし

六二歳で定年退職後、短期の仕事をいくつか経て、コールセンターで働きはじめ四年めになりました。一〇日間の研修を終えると、研修内容をすべてマスターしているわけでもないのに、学んだ内容をはるかに超える問い合わせに対応しなければなりません。私はこれまで接客の仕事をしたことがなく、はじめから攻撃的で、怒鳴る人も少なからずいて、何度辞めようと思ったかわかりません。励ましあえる同期の仲間がいて辞めなくてすみましたが、なんとか仕事ができるようになるのに一年ぐらいかかりました。ドキドキしないで電話応対できるようになったのは、つい最近です。

時間給一〇〇〇円で交通費なしと、フルタイムで働いてもひとり暮らしには難しい賃金で、決してよい条件ではありません。ですが私の場合、厚生年金と個人年金を受け取っているので、九時から一九時、月に一五～二〇日働いて手取り収入がだいたい一〇万円から一五万円でも、まずまずの暮らしができていきます。それに何よりもこの年齢で働くことができる、という喜びもあります。七〇代で働いている人も少なくなく、私もそうしたいところですが、入札で決まる仕事なので、請け負う会社が変わって通勤不能の場所になると辞めざるをえません。

■老後のための健康対策

なるべく健康な老後を迎えるため、普段から運動をしています。定期的にヨガ教室に通っているほか、毎朝一〇分程度のヨガを実践し、アパートの階段五階分の上り下りを一日に四セット、上りは一段抜かしで、下りは危ないので一段ずつにしています。

ある日、満員電車から降りるとき後ろからどっと押され、前のめりで転倒してしまいました。あっという間の出来事ではっきり覚えていませんが、膝を打つこともなく無傷でした。ヨガで腕立て伏せに似たポーズがあり、それを体が覚えていて瞬間的に反応して体を守ったのかもしれません。

また、免疫を高めて誤嚥の予防も兼ねる「あいうべ体操」や、目の体操、脳を活性化するという指回しも欠かしません。道具も不要で、仕事の休憩時間や通勤の電車のなかでも手軽にでき、続けやすいのでお勧めです。

今、私が恐れているのは、寝たきりになることより認知症です。そのため、二か国語以上を話すと認知症予防に有効だと聞いたこともあって、韓国語を月二回程度習いに行っています。ＮＨＫの語学講座をスマホで聞いたり、韓国ドラマを見たりして勉強しています。

知り合いの八〇代の女性は、趣味を楽しみ、その趣味の延長でボランティア活動もしています。見た目も若いし、年齢を感じさせません。仕事をしていなくても家庭のなかに閉じこもらず、社会と接点をもって生きていることが健康の秘訣なのではないかと思います。彼女を見本として、今、自分にあったボランティア活動を探しているところです。

■私の問題解決法

三九歳で、中三・小四・小一の三人の子を抱えて離婚した私が、これまでなんとかやってこれたのは、同じ悩みをもつ仲間に出会えたからだと思います。生活費をほとんど入れない夫との問題に直面したときには、離婚を考える女性や母子家庭のネットワークグループ「ハンド・イン・ハンドの会」に入り、離婚へ踏み出すことができました。息子が不登校になったときには不登校の家族会に入り、親としてたくさんのことを学びました。同じような仲間がいるということは、大きな支えになります。恥ずかしいからといってひとりで問題を抱えるのでなく、仲間を見つけ、相談したのが問題の解決につながっていったと思います。

そして今、シニアの女性たちとの交流と情報交換が、老後の不安を緩和して、前向きに生きる力になっています。

「おひとりさま」で、リタイア後の生活を満喫

小田 恵子（七〇歳）

私はいわゆる「団塊の世代」で、昨年（二〇一七年）秋に古稀を迎えました。あっという間の年月だったように思います。振り返ると、小学校でも、中学校でもとにかく同級生の数が多く、中学では一クラス五五～六〇人近くいて一一クラスもあり、他の年代との違いは歴然としていました。高校入試や就職試験でも、人数が多いために競争また競争でした。

■女性が働きつづけることができる職場と出会う

私は、家庭の事情により、高卒で働きはじめました。当時女性は、二三歳頃になると結婚のために退職する人が多くいました。今では考えられませんが、たとえ結婚しなくても女性は二〇代で離職することが、当然とされていました（女性は三〇代定年制をとる会社がまだ多い時代でした）。

そして、私もその時期に会社を辞めました。でも結婚は考えずに、女性がずうっと年を重ねても働いていける仕事や職場があればいいなと思っていました。そして二五歳のときに、ある省庁の外郭団体の職場の募集があり、無事採用が決まったのです。それから六〇歳まで正社員として三五年間働くことになりました。とてもラッキーだったと思います。

今でこそ女性の管理職がいますが、その当時は誰もおらず、完全な男性社会でした。とはいえ、その会社自体が私に向いていたようで、仕事をコツコツとこなすなかで、地方への出張なども命じられるように

なり（当時、女性が出張を命じられるのは稀でした）、仕事を通して多くの方々に出会うことができました。

また職場の先輩の女性と一緒に仕事をするなかで、私も定年まで勤めてみたいと思うようになりました。仕事内容が福祉関係ということもあり、年とともに生き甲斐を感じるようになっていきました。それでも、同期で入った女性は、結婚等で退職していき、結局女性で定年までいたのは私ひとりだけでした。

■三九歳でマンションを購入

会社の住宅貸付制度を利用して、三九歳のときにマンションを購入しました。場所は、会社からも近く、足まわりもよい交通に便利な場所です。通常の銀行貸付よりずっと低い利率で住宅資金を借りることができたこともあり、住宅ローンは定年の六〇歳で完済しました。現在住宅にかかる費用は毎月の管理費だけです。地の利がとてもいいので、マンションを売りたいときには売れる条件があり、自分のライフスタイルを見直す際には、買い替えも十分可能です。

■趣味を楽しみ、新たな出会いを大切にする充実した毎日

五三歳で乳がんになり温存手術をしたものの、現在はとくに病気の心配はありません。会社勤めをしているときは時間がなくてできなかった手芸（今は手編みセーターを時間をかけてゆっくり編んでいます）にチャレンジし、地域での同世代の方々との出会いと交流を大切にして、充実した毎日を過ごしています。

正社員で三五年間働いたので、年金で十分暮らせます。ですから、世のため人のために、ボランティアや何か人の助けになることをしていきたいと考えています。

結婚はせず、また子どももいない人生でしたが、自分で決めてきたことですから、後悔はありません。楽しい人生だったと思えるように、これからも前向きに生きていきたいと思います。

DVの経験から学び、当事者と子ども支援の活動へ

石田香苗（六九歳）

■夫のDV・モラハラ支配から逃れて

私は、関東の小さな町で小さな商店のひとりっ子として育ち、学校卒業後は、保育士として働いていました。それが、父が入院して母が介護をしなければならなくなったため、仕事を休職し、実家の商売とまだ幼かった弟（一四歳下）の面倒をみることになりました。その後、サークル活動で知り合った夫と結婚し、夫とともに実家で商売をしながら、弟の世話をする生活が始まりました。

結婚してから夫は、私が苦労を知らない育ち方をしていると言い、「苦労して（母子家庭で）育った俺のほうが人間的にできている。だから俺に従え！」と、私に自信をなくさせるような言動をすることが増えていきました。長女が生まれてからも夫の不機嫌は変わらず、私の父との関係もぎくしゃくしたため、子どもと三人で実家を出ることになりました。それからも、私が保育園の父母の会、地域の教師と父母の会などに参加することが気に入らないと、無視したり睨みつけたりして、話をすることも困難になっていきました。

私は、男女は平等であるはず、という信念をもっていましたから、夫の言動にいつも疑問を感じていましたが、たまたま見ていたテレビでDV特集があり、私が受けているのもDVだとわかりました。その後は本を読んだり、電話相談を利用したり、講習会に参加するなどして支援団体とつながって、カウンセリ

ング、講習、自助グループなどで学び、実際に自分も行動することで自信をつけていきました。家庭内別居が続いていましたが、夫のある言動に、たまらずに家を出ました。

DVにあいながらの結婚生活でも、精神的に落ちこみきることなく過ごせたのは、自分の生き方についてのイメージがはっきりしていたこと、好奇心があって積極的に行動してきたこと、その行動のなかで友人がたくさんできたこと、だったように思います。

■NPOや地域の活動に取り組み、趣味を楽しむ

DVに取り組む団体の支援を受けた私は、今度は、支援者としての活動を学ぶことにしました。NPOで支援者の養成講座を受け、その後DV被害を受けた母子プログラムを学ぶ講座に参加して、インストラクターとしての資格を得ました。

保育士としての経験もあった私は、「子どもプログラム」を担当することにしました。DV家庭で育った子どものためのプログラムでは、自分は愛されていること、仲間がいること、暴力は絶対使わないで話しあいで決めることなどを、ゲームをしたり、おやつを食べたり、自由遊びを織り交ぜたりしながら学んでいきます。

このプログラムのなかで、DV家庭で育った子どもたちの心の傷は大きく、いじめの対象や不登校になることが多いと知りました。そんな私に何ができるかを問いながら、自分自身の経験をもとに、温かく笑顔で接し、子どもたちがゆったりと過ごせる空間をつくるよう努力してきました。彼らがだんだんと心を開き、信頼の行動を見せてくれたときは、とてもうれしく感じます。

一年ほど前から始まった地域の子ども食堂と無料塾にもかかわっています。近所のお年寄りや、就学前の保育園児たち、お父さん、お母さん、スタッフたちで、さながら大きな家族をつくっているようです。

私は、低学年の子どもたちの勉強をみたり、遊びの相手をしたりしています。自分の特技を活かした活動ができ、今までになくイキイキと子どもたちに接することができています。

食事づくりのスタッフは、みんなに喜ばれる献立を毎回考え、少ない食材費のなかで子どもたちのリクエストを受けてデザートをつくってくれます。大人たちみんなが子どもを見る目の温かさにほっとすることができ、地域活動のすばらしさを実感しています。今後も活動を続けて、人間的にもっと成長したいと思っています。

時間に余裕ができたらしてみたいと思っていた書道も習いはじめました。あるサークル活動で同年代の書道教室の先生にめぐりあったことがきっかけです。月二回の稽古ですが、うまく書くというより、書いていると心が落ち着くことが魅力で、よい時間を楽しんでいます。

実家の近くに転居してきてから、友人が教えてくれた年金者の集まり（年金者組合）に参加することにしました。ここでは、麻雀やカラオケ、ペタンク（パターゴルフのようなもの）などの小さなサークルがあり、私はカラオケサークルに入りました。月二回の集まりでは上手に歌うことより、仲間との交流を深めることが楽しく、和やかな雰囲気になります。年金者組合は全国にあり、「年金を減らすな！」という要求を掲げてのカタめの運動もありますが、趣味を通して年配者が交流していくことが重要視されており、老後がとても楽しくなる団体です。

■少ない年金に母の介護、心配ごとはあるけれど……

夫との別居を選んで六年。今は実家近くのアパートでひとり暮らしをしていて、夫の目を気にすることなくＮＰＯや地域活動にも参加できていますが、一番不安なのは年金が少ないことです。国民年金で、しかも二年ほど納付金が払えなかった時期があり満額の基礎年金にはなりません。国民年金基金をかけていたのが幸いでしたが、月額三万円と少なく、私的保険年金は一〇年限定のため、七五歳になったら基礎年金と国民年金基金のみの生活になります。一か月約七万円で生活しなければならず、生活保護以下の暮らしになってしまいます。

年金の不足分を補うために今やっている仕事は、DVを学んだからこそできる当事者支援で、月八日間ぐらいの勤務です。仕事は充実していて、いつまでも続いてほしいと願っていますが、先のことはわかりません。

地方に転居した夫は、今ではすっかり地域の住民として溶け込み、仕事をしながら、釣りや畑仕事を楽しんでいるようです。でも、夫のDV体質は変わっていないので、当分はこのまま別居生活でいいかなと思っています。

実家の母は九五歳になり、認知症が進み、自分のことをするのもやっとになっています。友人から頼れるケアマネジャーを紹介してもらい、関連のクリニックにも通っています。私も、ほぼ毎日見守りを続けていますが、施設入所もそろそろ考えないといけない状況です。

心配ごとはありますが、友人たちの助けをかりながら、この地域で安心して生活・介護できることの幸せをかみしめています。くよくよ考えているより、毎日を楽しみ、人との交流をもって、明るく暮らしたいと思うばかりです。

難病を抱えながら、友人とのつながりを力に生きる

中村 よう子（七〇歳）

専業主婦だった私は、三三歳のときに夫と離別しました。五歳の娘と二歳の双子の息子を抱えての決断でした。

子どもたちから父親を奪っていいのか、半年間悩みに悩んでだした結論は、私が不幸な結婚生活を続けるよりも別れて幸せになれば、子どもたちも幸せになるだろう、というものでした。後年、上の息子が家を離れるときに、「子どもたちのことを考えて離婚しなかった、と言われたらつらいけど、母さんは離婚した。よかった」と言った言葉に、報われた気がしてとてもうれしかったです。

私は小さい頃から、母の父に対する不平不満をたくさん聞かされて育ちました。そのため、もし自分が同じような状況になったら、絶対に離婚するという気持ちをもつようになっていました。その経験が、夫と離別しようという気持ちを後押ししたのだと思います。

とにかく手に職を

とにかく食べていける手段を探す必要がありました。ちょうどその頃、同じアパートに住んでいる知人が「しんぐるまざあず・ふぉーらむ」の立ち上げにかかわっていて、相談することができました。彼女は写植の仕事をしていて、「写植は、けっこう稼げて、家で働くこともできるわよ」と話してくれ、私は職業

訓練校で写植の勉強をすることにしました。

しかし、子どもたちをどうするか――。離婚を調停にかけたばかりで、これから職業訓練校に通うわけですから、本当はまだ保育園には入れない状態だったのですが、区の担当者が私の熱意に負けたのか、三人が入れる保育園を見つけてくれたのです。相談したのが七月末だったのですが、九月の訓練校の入学に合わせて、八月いっぱい慣らし保育をしてくれました。しかも、近くの保育園の空きを見つけてくれて、本当に助かりました。ただ、保育関係者は誰もが一様に、三人の幼な子を抱えての離婚は私が身体をこわす可能性が高いので無謀だ、考え直したほうがいい、と警鐘をならしました。

■母の看病のために実家に戻る

実際、知人の紹介で働きはじめたものの、離婚してから二年間くらいは、よく急に発熱したものでした。仕事に行こうと思うのですが、体が動かなくて、熱をはかると四〇度ある。そういうことが、二か月に一度くらいありました。幼児三人の世話と仕事で、身体は相当疲れていたのでしょう。

双子が生まれてから、三歳上の娘は実によく弟たちの面倒をみてくれました。誕生時「よろしく。手伝ってね」と娘に頼んだのですが、とてもかわいがって一緒に遊んでくれ、息子たちを育てたのは娘かもしれません。自分も世話を焼いてほしいのにジッと我慢。感謝の言葉以外ありませんでした。

写植オンリーの仕事が体力的にむいていないと思い、転職を考えていたところ、友人の紹介で、ミニコミ誌などをつくる会社に移ることができました。子どもたちも少し大きくなっていました。

居心地もよく順調に働いていたある日、母ががんになった、と連絡がありました。私は母との関係がよくなく、また娘が小学校を転校しなくてはならないため心配だったのですが、家に戻ることにしました。三六歳のときでした。父は家を建て直し、妹も含めて七人の暮らしが始まりました。

移ってみると、学童保育にはおもしろい先生がいて、またその学童は母子家庭が多かったこともあり、子どもも私も、とてもいい人間関係をつくることができました。それが同居のしんどさを支えてくれていました。それから一年半ほどで、母を看取りました。

写植の仕事が斜陽になりはじめ、転職を考えた私は、また職業訓練校に入ることにしました。今度は経理の講座です。四月開講の一週間前のことでしたが、息子から職場に電話があり、「じいちゃんが死んでいる」と言うのです。脳卒中で、突然の死でした。そして悲しむ間もなく、相続問題が続きました。七人で暮らした家の売却から始まり、父の存命中は叔父・叔母たちと共有していた土地を、協議して分割しました。さまざまな手続きが必要でした。それまでの日常生活とかけ離れていて、気持ちがついていけずにきつかったです。その間、担保があるのに女性ゆえに銀行の融資が受けられず、驚いたり怒ったりしたこともありました。

それでも、職業訓練校で簿記二級の資格をとり、知人の紹介でしたが、離婚以来、初めて正規の職を得ることができたときは、心底ホッとしました。

突然の発病〜病名の確定までに一七年

相続が円満におさまり、家を建て、日常生活を取り戻したのは、父が亡くなって五年たった頃でした。その頃です、ある日突然、まぶたがバタっと落ち、目が開けられず、顔の筋肉がうまく動きません。四五歳のときでした。過労から病気になったのだろうと思いました。実際、中学生だった下の息子が、私を見るに見かねて、その一年ほど前から家族全員の洗濯物を洗ってくれていたのです。思いもかけないことでしたが、とても助かったし、彼の気持ちに心が熱くなりました。

あちこちの病院に行き、検査をしましたが、何が原因か、どういう病気かもわかりません。大きな不安を抱えつつも、ただ幸いなことに仕事は続けることができました。仲のいい友だちに久々に会うと、「どうしたの？　その顔」と言われるくらいに面変わりしていました。

病気がわからないため特別な治療も薬もないままでしたが、友人の世話で的確な医療機関を紹介してもらったこともあって、症状に大きな変化が現れたときに進行性の難病だと確定しました。発病してからなんと、一七年です。身体の自覚症状がありながら、医学的には病気ではないことにされ、病名がつかなかったことで、疑心暗疑になっていました。ですから、病名がついたときには本当にホッとしたし、うれしかった。やっと社会的に認められたんだ、と思いました。

この薬が効くのでは、と何度か薬を処方されたこともありましたが、あまりに副作用がひどく、怖くて服用を中止しました。ただ、おかげで強い薬を飲みつづけることも薬の副作用に長年苦しむこともなくて、むしろ体にはよかったかもしれないと思っています。

■「生きていていいよ」という心の声に

今は、これも友人の紹介で、鍼の先生のところにほぼ週一回通っていて、身体はずいぶんラクになっています。

でも、体調が一定でないため友人と会う約束もドタキャンが多くなり、予定が立たない、責任が果たせない、そういうことが続くなかで、「なんで私は生きているの？」と思うようになりました。友人たちは働いたりボランティア活動をして、社会とつながっているのに、私は何の役にも立っていない。誰かのために何かをしているんだろうか、どんな存在理由があるんだろうか……と。

それでも、古希が近づいた頃に、病気を抱えながらここまで生き延びていることに、ふと気づきました。そうか、私は生かされているんだ。何もできず、何の役にも立っていないけれど、とりあえず、ここにいる。「生きていていいよ」と言われているように思ったのです。

もちろん、これから先のことについて、不安はあります。担当医からは、私の病気は「何が起こっても不思議ではない」と言われています。けれど、悩んだところで、症状がよくなるわけではありません。百万回考えると病気が悪くならないのだとしたら百万回考えますが、くよくよ考えてもラチはあきません。落ち込むことはあります。しょっちゅうです。でも、踏んばって生きていきたいと思います。

元来は楽天的なのです。そして、ありがたいことに、今までたくさんの友人に助けられながら今日まで生きてきました。このところ、身のまわりから大切な友人たちが少しずつ いなくなりはじめました。歳をとるのは難しい、たいへんだな、と思います。病気を抱えていくのもたいへんです。でも、一瞬一瞬ではそんなことは考えていないのです。おいしい物を食べたり、つくったり、本を読んだり、おしゃべりしたり。そんな、なんでもない時間が愛しくなっています。歳をとった証拠かもしれません。

そういったなんでもない時間を大切に、まだやれることをやっていこう。たくさんの、できないこと、できなくなったことにはさようなら。でも、まだまだ未知の領域はたくさんあるのだから、悩みながらも、家族や友人たちと支えあって生きていけたら幸せだと思うのです。まだまだお世話になります、よろしくね！

わくわくシニアシングルズの声③
……心と体の健康のためやっていること

☆「エレベータ、エスカレーターを極力使わない」（五二歳）

★「農作業をしてフレッシュな野菜を作って、人とシェアする。軽い運動を日常に取り入れる」（五九歳）

☆「ストレッチ、温灸、ピアノ」（五九歳）

★「体操サークルに入って週三日ぐらい三〇分体を動かしています。通勤その他はなるべく歩きます。書道、カラオケを楽しんでいます。『子ども食堂』に参加して、子どもたちの支援をしています」（六九歳）

☆「三年ぐらい前から市民農園やベランダで野菜を育てています。忙しい日々に潤いを与えてくれています。銭湯や温泉に時間があれば行きます」（六七歳）

★「ウォーキング・ヨガ」（五九歳）

☆「太極拳をやっています。ゆっくりジワジワ身体を動かすと、心もリセットされる気がします」（五一歳）

★「合唱団に入って大きな声を出すことにしました。歌う曲も趣味があう合唱団が見つかってうれしく思っています」（七〇歳）

Chapter 7

年金・貯金が少なくても、なんとか暮らす

シニア～高齢期をのりきる知恵と知識

大矢さよ子（社会保険労務士）

今のシニア～高齢世代は戦後の高度経済成長からバブル期、バブル崩壊、リーマンショック、雇用現場での非正規雇用の拡大という経済・雇用のアップダウンを通過してきた人たちです。社会的には、男性が働き女性が家事育児を担って家庭を守るという「性別役割分担」がとても強かった時代でした。女性は高校を卒業し、数年働いたら「寿退社」するのが社会的ルールのようになっていました。「いずれ結婚して養ってもらうのだから」と正社員でも賃金は男性の六割ぐらいで、高度経済成長期、私が二〇～三〇代に働いていた会社では、女性にも昇給はあるものの後から入ってくる新入社員の給料と大差がない給与でした（現在も、日本の男女の賃金格差は相当に大きいですが）。若い女性は「職場の花」という位置づけで、仕事は男性の補佐、お茶くみ、掃除は女性の仕事とされていました。「女は電球と同じ消耗品だから」と臆面もなく言う上司もいて、セクハラ、パワハラはあって当たり前の職場でした。結婚しても働く女性もいましたが、出産前に辞め専業主婦になり、子どもが大きくなったらパートで働くというのが当時の女性のライフコースでした。

結婚して専業主婦になることで、世帯として税や社会保障の「お得感」を得られるように「配偶者控除や年金の第三号被保険者制度」も創設され、稼ぎ主の夫と、専業主婦の妻、そして子どもという家族が標準世帯として社会に根づいていきました。その後、女性の働き方も、家族形態も多様化しましたが、年金の第三号被保険者制度や税の配偶者控除は存続し、性別役割分担も男性中心社会もそのままです。このよ

図表1　世代・世帯類型別相対的貧困率（平成19年，22年）

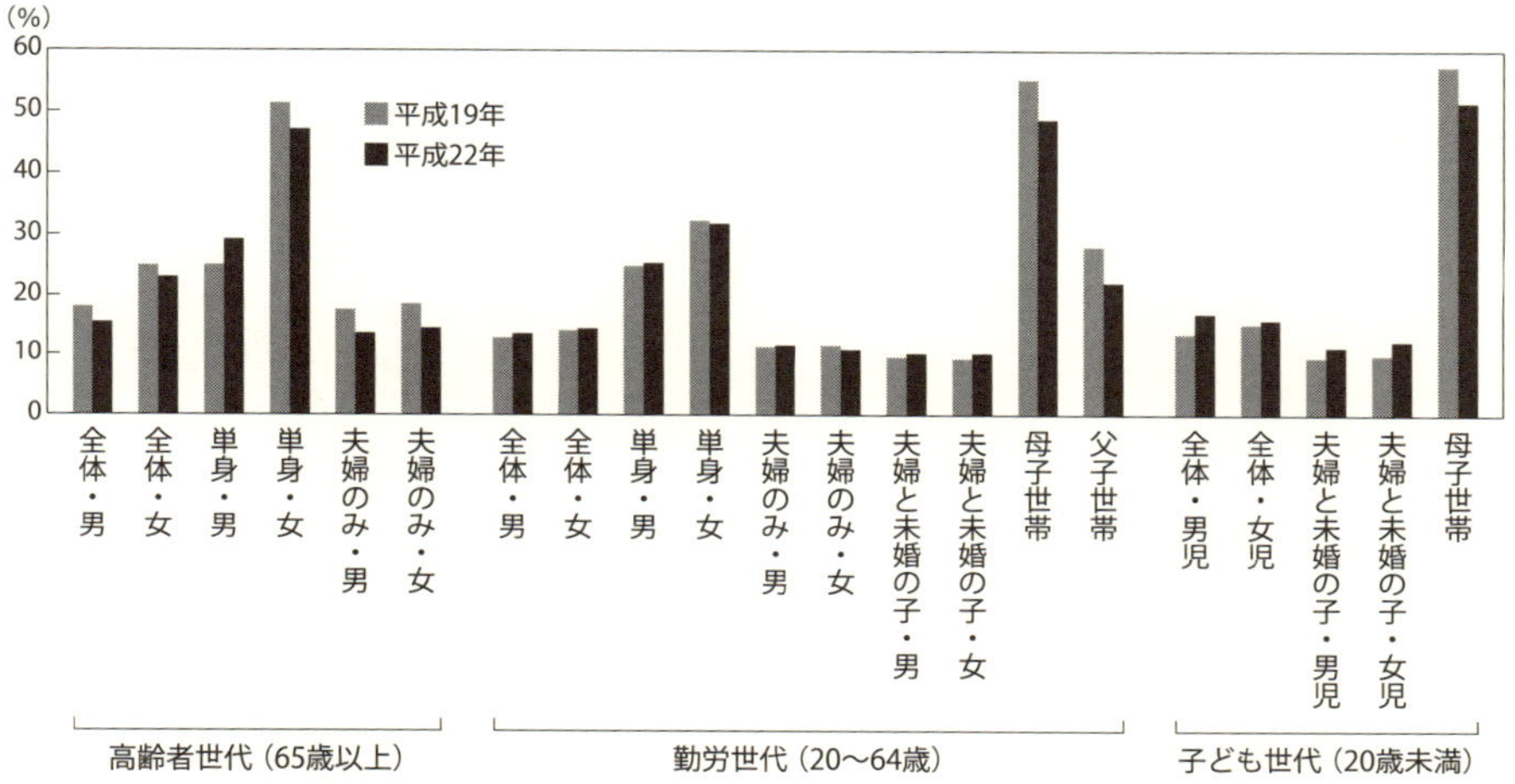

備考）1. 厚生労働省「国民生活基準調査」（平成19年，22年）をもとに，男女共同参画会議基本問題・影響調査専門調査会女性と経済ワーキング・グループ（阿部彩委員）による特別集計より作成。
2. 相対的貧困率は，可処分所得が中央値の50%未満の人の比率。
3. 平成19年調査の調査対象年は平成18年，平成22年調査の調査対象年は平成21年。
出所）内閣府男女共同参画局「平成24年版男女共同参画白書」。

うな日本社会ですから、男女平等の指数を表す「ジェンダー・ギャップ指数二〇一六」で、日本が一四四か国のうち一一四位であるのもさもありなんと思ってしまいます。標準世帯が社会のベースですから、配偶者のいない中高年女性は、貧困と背合わせであっても、それが社会の問題として表にでることはなく、置き去りのままでした。女性の貧困が社会の耳目を集めるようになったのは、一九九〇年代後半以降の経済の低迷と雇用の悪化で男性も貧困に陥りかねないようになってからのことです。男性の生活困窮・貧困が社会問題化してやっと女性の貧困問題に関心をもつ人もでてきたというのが実情でしょう。

日本において高い貧困率を示すのは、ひとり親家庭と高齢単身女性です。二〇一五年の厚生労働省「国民生活基礎調査」をもとにしたひとり親世帯の貧困率は五〇・八％と二人に一人が貧困状態です。また男女の貧困率は高齢期になって拡大します。二〇一七年、立

図表2　単身世帯（55～74歳）における低所得層の割合（年間収入）

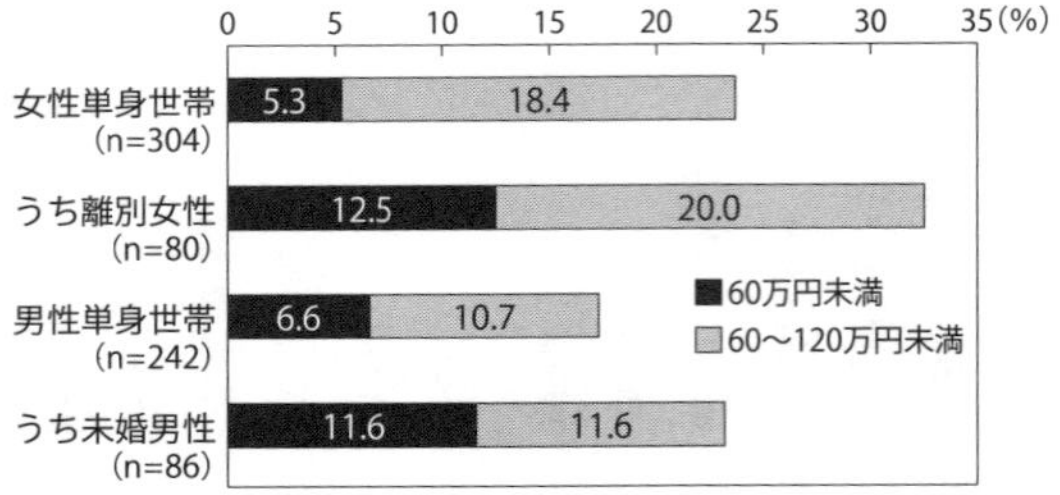

備考）1. 内閣府「高齢男女の自立した生活に関する調査」（平成20年）より作成。
2.「収入」は税込みであり，就業による収入，年金等による収入のほか，預貯金の引き出し，家賃収入や利子等による収入も含む。
出所）内閣府男女共同参画局「平成24年版男女共同参画白書」。

命館大学の唐鎌直義教授が「国民生活基礎調査」をもとに六五歳以上の高齢者がいる世帯について、一人当たりの年収を生活保護受給者と同等の生活水準になる一六〇万円として調べたところ、ひとり暮らしの高齢女性の二人に一人が生活保護水準を下回る収入で暮らしているという結果になりました。

私たち「わくわくシニアシングルズ」が実施した五〇歳以上の単身女性五三〇名から回答を得た二〇一六年「中高年齢シングル女性の生活状況アンケート調査」（以下「アンケート調査」。本書、資料2参照）でも、年金を受給している人（一四六人）のうち半数近くが月額一〇万円未満で、生活保護水準以下という状態でした。そのため「働き続けられる限りはいつまでも働く」と答えた人は七割近くおり、実際六五歳以上では五割を超える人が働いています。貯蓄では三〇〇万円未満の人が四一・七%、うち「なし」の人が二割近くいました。

日常抱えている不安では、「健康や病気」「生活のための収入」「自分の介護」と答えた人が多く、病気や介護の不安がある人は、どの年代でも六五%を超えていました。まだまだ働きざかりの五〇代の七割もが「収入の不安」を抱えていますが、それは五〇代の非正規雇用者が四五・八%、フリーランスが一七・四%という不安定な雇用形態によるものだと言えます。非正規雇用者全体の収入は、二〇〇万円に満たない人（「なし」を除く）が五八・五%もいました。これでは日々の生活に精いっぱいで老後の貯蓄などできません。

非正規雇用の場合、どうしても老後の年金は少なくなります。しかも日本はGDP（国内総生産）に対する社会保障給付割合が低いため医療や介護費用の自己負担分が重く、年金には最低保証もありませんから、老後の生活に困窮しがちです。貧困問題が社会的に注目を集めると、必ず「自己責任」だとするバッシングが強まります。しかしながら女性が単身で生きることを、社会・制度が認めてこなかった結果としての貧困であり、個人の自助努力でなんとかなることではありません。

たしかに共稼ぎ世帯が専業主婦世帯より増え、女性が働けるような法整備や環境も私たちの若い頃より整ってきつつあります。しかし、社会の変革より先に待ったなしで高齢期が到来してしまいます。ですから、この現実は現実として受けとめ生きていかざるをえません。大切なのは、脆弱とはいえ今ある社会のセーフティーネットを最大限利用・駆使し、生き延びる知恵をつけていくことでしょう。貯蓄も年金もあり悠々自適の老後を送れる人は、不測の事態でも対応できますが、社会的弱者はそうはいきません。不安は「考えること、自分で決めていく」ことでしか解消できないと思います。団塊世代が七五歳以上の後期高齢者になる二〇二五年に向け、社会保障制度が今の水準より切り下げられることも予想されます。すでに生活保護基準の引き下げが政治日程に入っています。自分の人生は、自分でマネジメントし生き抜くしかありません。この章は老後のあなたの人生設計を考えるうえで重要な年金や医療・介護保険制度などについて取り上げました。情報のアンテナを広げ、あなたの高齢期を考える一助にしていただきたいと思います。

(1) シニア期に準備したいこと

■「ねんきん定期便」で老後の年金を把握しよう

現在、日本年金機構から誕生月に国民年金・厚生年金加入者に「ねんきん定期便」が送られてきます。

図表3　公的年金の仕組み

2階部分		会社員・公務員が加入 厚生年金保険	
1階部分	日本に住んでいる20歳以上60歳未満が加入 国民年金（基礎年金）		
	第１号被保険者	第２号被保険者	第３号被保険者
	自営業者等	会社員・公務員等	第２号被保険者の 被扶養配偶者

注）公的年金は１階・２階部分。
公的年金の上乗せとして３階部分に確定拠出年金，厚生年金基金，国民年金基金がある。

五〇歳以上の人の「定期便」には、現在加入している年金制度に六〇歳まで同じ条件で加入しつづけたものと仮定した老齢年金の見込額が表示されています。この「定期便」で、おおよその年金額と支給開始年齢がわかります。三五歳・四五歳・五九歳の人の「定期便」には、これまで加入した年金のすべての記録が封書で送付されます。加入漏れや間違いがないか確認しましょう。実際の受給に際しては、介護保険料、後期高齢者医療制度・健康保険、所得税、住民税が年金から控除されるので手取り額は減少します。

年金は国民年金・厚生年金の加入期間が、免除期間とカラ期間（任意加入のときに加入しなかった期間等）を含め一〇年以上あれば受給資格があります。国民年金には六〇歳まで、厚生年金は七〇歳まで加入できます。原則としては六五歳からの受給ですが、六〇歳から任意の年齢で繰り上げてもらうことも可能です。その場合は、減額した年金が一生続きます。ちなみに六〇歳で受給する場合は、三〇%減額になります。また逆に受給するのを七〇歳までの任意の年齢に繰り下げることもできます。七〇歳受給の場合、六五歳時点に比べて四二%の増額になります。繰り下げの場合はどこまで生きられるのかを想定できないので、この制度を利用している人は少数です。

また厚生年金に一年以上加入し、年金受給資格がある一九六六（昭和四一）年四月一日生まれ以前の女性は、六五歳前から「特別支給の老齢厚生年金」が受給できます。年齢によって厚生年金の報酬比例部分と定額部分が支給されますが、この年金は繰り下げで増額されることはないので、支給年齢になったらもら

図表4　女性の60歳からの特別支給の老齢厚生年金受給開始年齢

女性（第1号・民間勤務）	60歳	61歳	62歳	63歳	64歳	65歳
1946（S21）年4月1日以前生まれ	報酬比例部分					老齢厚生年金
	定額部分					老齢基礎年金
1946（S21）年4月2日～1948（S23）年4月1日	報酬比例部分					老齢厚生年金
		定額部分				老齢基礎年金
1948（S23）年4月2日～1950（S25）年4月1日	報酬比例部分					老齢厚生年金
			定額部分			老齢基礎年金
1950（S25）年4月2日～1952（S27）年4月1日	報酬比例部分					老齢厚生年金
				定額部分		老齢基礎年金
1952（S27）年4月2日～1954（S29）年4月1日	報酬比例部分					老齢厚生年金
					定額部分	老齢基礎年金
1954（S29）年4月2日～1958（S33）年4月1日	報酬比例部分					老齢厚生年金
						老齢基礎年金
1958（S33）年4月2日～1960（S35）年4月1日		報酬比例部分				老齢厚生年金
						老齢基礎年金
1960（S35）年4月2日～1962（S37）年4月1日			報酬比例部分			老齢厚生年金
						老齢基礎年金
1962（S37）年4月2日～1964（S39）年4月1日				報酬比例部分		老齢厚生年金
						老齢基礎年金
1964（S39）年4月2日～1966（S41）年4月1日					報酬比例部分	老齢厚生年金
						老齢基礎年金
1966（S41）年4月2日以降生まれ						老齢厚生年金
						老齢基礎年金

いましょう。在職中で厚生年金に加入している六〇歳以上の人は、給与（総報酬月額）と年金月額の合算が一定額を超えると年金の一部または全部の支給が停止になります。ちなみに六五歳前は月額二八万が基準です。

　年金額を増やすという意味では、できるだけ長く社会保険に加入できる働き方をし、厚生年金を増やすことです。また国民年金の納付済期間が少ないために満額受給できない場合は、六五歳まで任意加入することができます。ただし、さかのぼって任意加入したり、厚生年金加入中の人が任意加入することはできません。国民年金のみの年金額は、満額でも月額が約六万五〇〇〇円と老後の生活をまかなえる金額ではありません。国民年金の上乗せとしては国民年金基金と付加年金があります。基金は保険料が高めですが、民間の年金保険に入るよりは安心感はあるでしょう。付加年金は月額四〇〇円の保険料をプラスして納付し、老齢基礎年金に上乗せさせて受給する制度です。国民年金の保険料を払っている人が対象です。国民年金基金に加入する場合は付加年金には加入できないので注意してください。年金制度は複雑ですが、老後の生活を支えるベースのお金ですから、五〇歳を過ぎたら自分の老後の年金を大枠でも把握しておきましょう。

■六五歳以降の遺族厚生年金の仕組みを知っておこう

遺族厚生年金を受給している人は、末子が一八歳となった年度末以後にその仕組みが変わるので注意が必要です。六五歳まではひとり一年金のため、厚生年金加入者で六五歳前の特別支給の老齢厚生年金の受給資格ができた場合、遺族厚生年金とどちらか一方を選択しなければなりません。遺族厚生年金のほうが高い場合が多いので、こちらを選択する人がほとんどでしょう。

図表5　遺族年金の仕組み

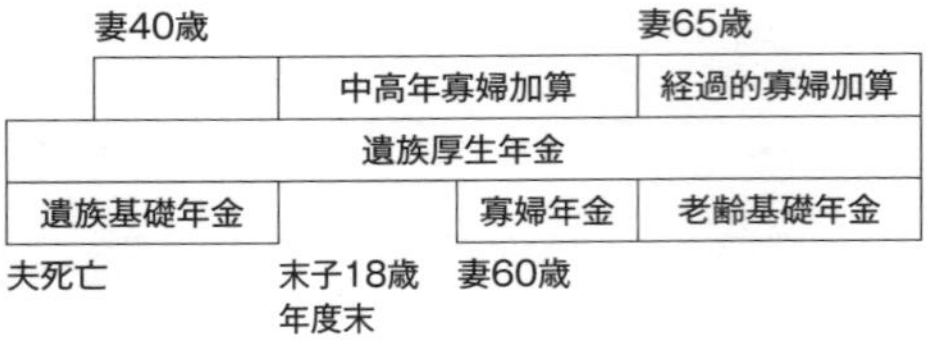

六五歳になると自分の年金が受給できるようになります。厚生年金に加入していた人は、老齢基礎年金に加え老齢厚生年金を受給できるようになります。その際、老齢厚生年金と遺族厚生年金は両方同時にはもらえず、併給の調整があります。自身の老齢厚生年金が遺族厚生年金より多い場合は、自分の年金のみをもらいますが、自分の老齢厚生年金に比べて遺族厚生年金のほうが多い場合や、遺族厚生年金の三分の二と自分の老齢厚生年金の二分の一の合算が多い場合は、多いほうを選択します。その際には、まずは自分の老齢厚生年金を先に受給し、遺族厚生年金と老齢厚生年金の差額分が遺族厚生年金として支給されます。たとえば、遺族厚生年金が年額八〇万円、自分の老齢厚生年金が年額五〇万円の場合は、遺族厚生年金として支給されるのは差額の年額三〇万円、残りの五〇万円は支給停止になります。簡単に

図表6　65歳以降の遺族年金

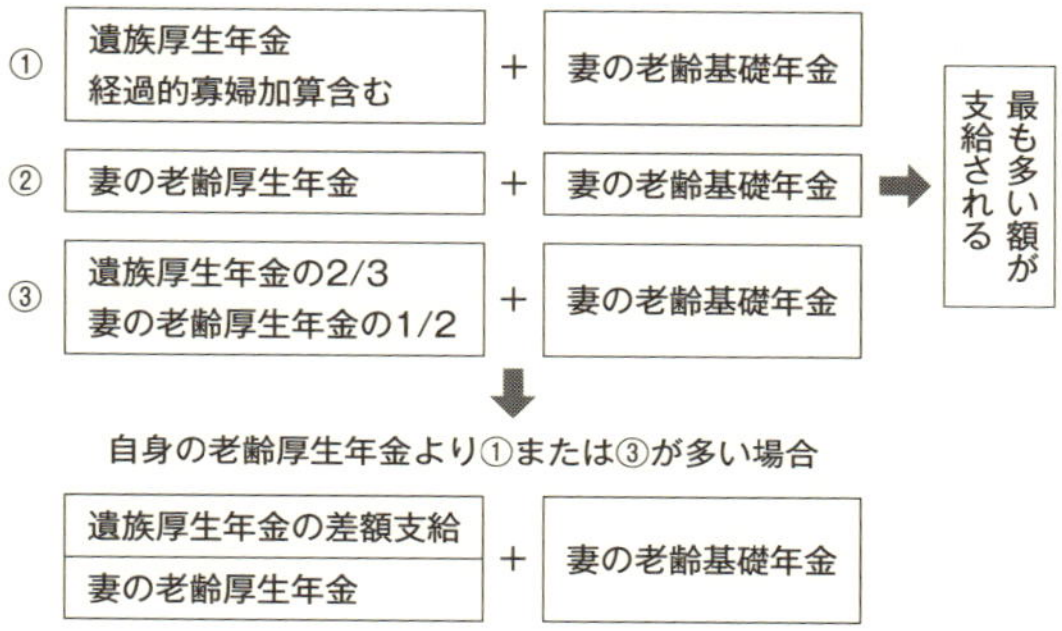

言うと、働いて自分の老齢厚生年金が増えれば、六五歳からの遺族厚生年金が少なくなるという仕組みになっています。この手続きや計算は、年金事務所でやってくれ、六五歳になると「支給額変更届」の通知がきます。なお六五歳までの遺族厚生年金に中高年寡婦加算（二〇一八年度年額五八万四五〇〇円）がついている人の場合は、六五歳以降、自分の老齢基礎年金を受給できるため、中高年寡婦加算は減額され「経過的寡婦加算」になります。この経過的寡婦加算は一九五六（昭和三一）年四月二日以降に生まれた人から支給されなくなります。

一方、亡くなった夫が国民年金のみの加入の場合は、末子が一八歳になった年度末をもって遺族基礎年金の支給は終了します。ただし、夫が国民年金一号被保険者として保険料を納付した期間（免除を含む）が一〇年以上あり、夫が老後や障害の年金をもらうことなく死亡した場合、妻は六〇歳以降、六五歳になるまで夫の老齢基礎年金の四分の三が支給されます。死亡一時金が受給できる場合や、妻に特別支給の老齢厚生年金がある、または遺族厚生年金がある場合は選択になります。

■熟年離婚の際には年金分割を！

高齢になって離婚を考えている人は、老後の生活のためにも離婚時の年金分割を請求しましょう。離婚時年金分割は、夫婦の婚姻中の厚生年金を分割し、自分の年金とする仕組みです。夫のほうが厚生年金に加入している期間が長いケースがほとんどなので、妻は年金分割することで老後の年金が婚姻時より増え

図表7　婚姻中　夫は厚生年金加入，妻は第3号被験者の年金分割

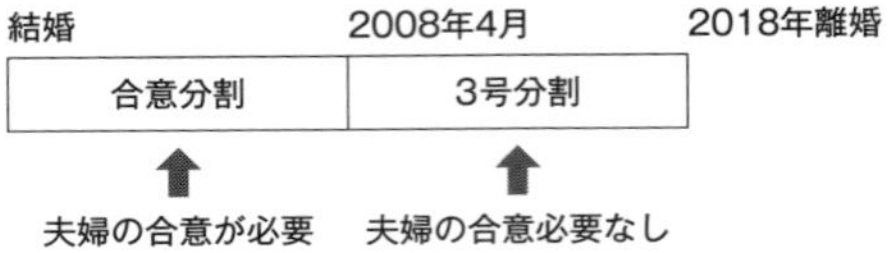

ます。夫婦ともに国民年金の場合は、分割の対象ではありませんので注意が必要です。

分割方法には「合意分割」と「三号分割」があり、制度としてはちょっと煩雑です。「三号分割」は相手の合意を必要とせず、第三号被保険者（多くは妻）であったほうからの手続きによって認められ、相手方の保険料納付記録を二分の一ずつ自動的に分割できる仕組みです。これは夫婦の一方が国民年金の第三号被保険者であった場合で、二〇〇八（平成二〇）年四月以降の期間を分割します。その前の婚姻期間は相手の合意が必要な「合意分割」期間になり、按分割合も双方の合意で決めます（按分割合の上限は五〇％）。

離婚を調停で決める場合は、年金分割も一緒に決めてもらえます。調停以外では、年金分割の入った離婚協議書を公正証書にすることもできます。調停も公正証書もない協議離婚で、相手の合意を得られない場合でも、三号分割だけは相手の合意を必要としないので自分の判断で手続きできます。

留意点としては、年金分割の請求期限は離婚後二年以内であることと、企業年金や退職金は年金分割の対象ではないということです。事前に用意する書類もありますので、年金分割を考えている人は、まずは年金事務所で相談しましょう。

■働ける人は長く働ける道を考えておきたい

仕事を辞めた後の高齢単身者の生活費はどれくらいかかるでしょうか？　二〇一七年の総務省「家計調査結果」によると、六〇歳以上の単身無職世帯の消費支出の平均月額は一四万二一九八円です。介護保険

図表8　高齢単身無職世帯の家計収支（2017年）

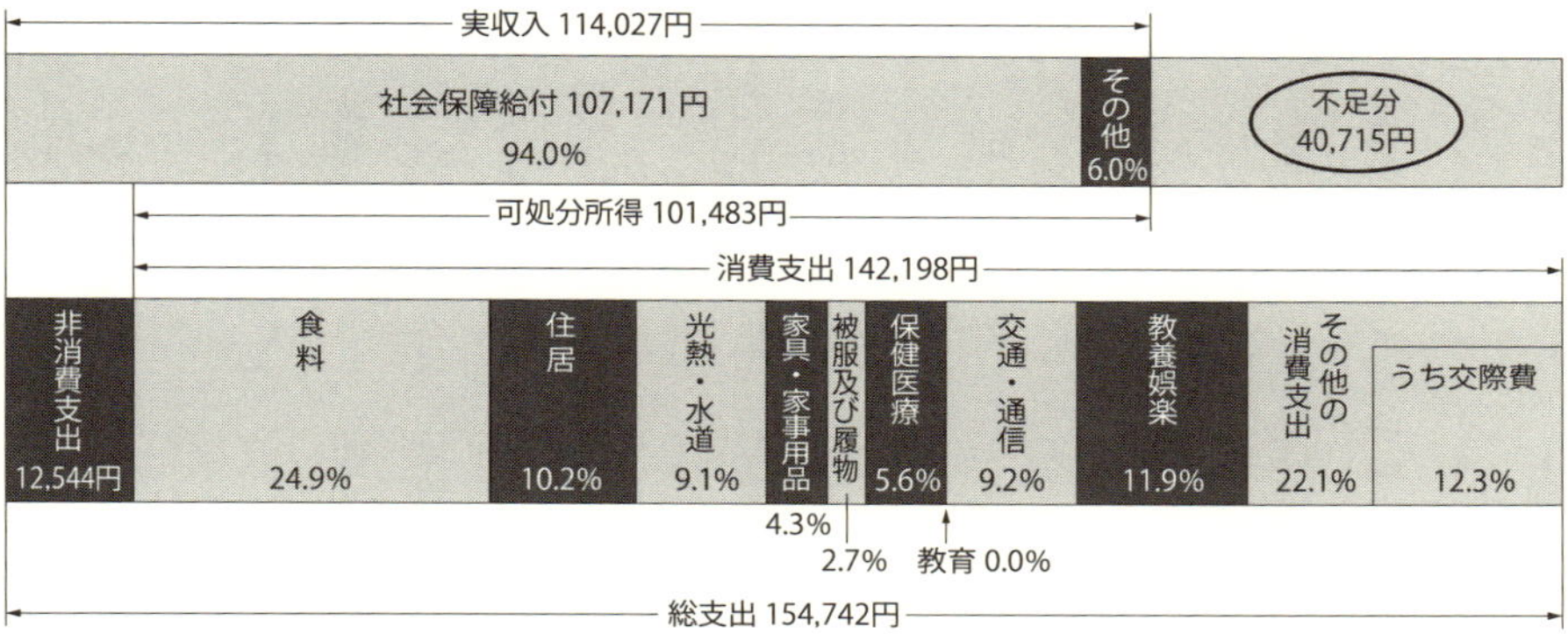

注）1. 高齢単身無職世帯とは60歳以上の単身無職世帯。
2. 図表中の「社会保障給付」および「その他」は実収入に占める割合。
3. 図表中の「非消費支出」以外は消費支出に占める割合。
出所）総務省「家計調査結果」2017年より引用作成。

料や健康保険料などの非消費支出が一万二五四四円なので、全体支出額は一五万四七四二円。これに対して年金等の収入は平均月額一一万四〇二七円で、不足額は四万七一五円になっています。

二〇一六年厚生労働省「厚生年金保険・国民年金事業の概況」によると基礎年金を含む厚生年金を受給している六五歳以上の男性の平均月額は一七万六六五五円、女性は一〇万八九六四円、国民年金の平均月額は五万五四六四円です。女性は厚生年金に加入していても年金のみで生活できる人は少数でしょう。貯蓄も十分でない場合には、年金の不足分を働きつづけることで補わざるをえません。

今は希望すれば六〇歳定年後も働けますし、団塊世代の定年退職時期と重なり、社会は求人難ですから六〇歳を過ぎても仕事はそれなりにあるでしょう。シルバー人材センター（雇用が委託であることに注意）や高齢者に特化している派遣会社をあたってみるのもいいでしょう。高齢期には、体力面も考慮し、「細く長く」という働き方ができるといいと思います。

社会保険に加入する働き方ができれば年金も増えま

す。雇用保険に加入した場合は、退職後に一時金（高年齢求職者給付金）も支給されます。高齢期にも働ける場所を早めに考え探しておけば仕事に就ける確率が高くなり、安心感も得られると思います。

■住居とお金のこと

同じ年金額であっても、住まいが持ち家か公営住宅か、賃貸であるかによって生活費が違ってきます。

マンション所有の人は管理修繕費がかかること、持ち家ならば修繕費がかかることも考えておく必要がありますが、生活に困れば売却やリバースモーゲージ（持ち家のある高齢者が、その家を担保に老後の生活費などを一時金または年金形式で借りられる貸付制度）が利用できれば、それで生活費を確保できます。公営住宅の場合は、単身で収入が住民税非課税の年金だけならば減免が受けられる場合もあり、安い家賃で住めます。ただし、公営住宅の単身者用募集に応募できるのは六〇歳からが一般的で、倍率も高いので入居のハードルは高くなります。住みつづけることが最も難しいのは民間賃貸です。高齢期になると民間賃貸の場合、家主が貸したがらないことや保証人の問題もでてきます。公営に入れたら幸運という気持ちで応募しながら、同時に高齢になっても住める賃貸をシニア期から探しておくことが現実的な対応策でしょうか。

住宅支援をしているＮＰＯ団体に相談するのもいいと思います。市街地から離れると物件も安くなります。どちらにしろ、老後を見据えたリサーチが大事です。サービス付き高齢者住宅もありますが、年金・貯蓄が少ない人には高額すぎます。

貯蓄が少ないので「なんとか増やせないか？」と投資を考えている人もいるかもしれません。投資は「このお金はなくなってもいい」と思える人がやるものですから、老後資金に不安がある人は投資には手を出さないほうがいいでしょう。勤務先の確定拠出年金に入っている人は、そのままにせざるをえませんが、よく言われるように、デフレ期には現金でもっておいたほうがむしろ安全でしょう。二〇二〇年オリンピック後の日本経済も不透明ですから、なおさらシビアな判断が必要です。それでも五〇代で投資を考えている人は、株、投資信託、債券等の仕組みを理解し、他人任せではなく自分で判断できる力をつけてからやりましょう。

（2）高齢期こそ社会保障制度を使う

■ 七五歳になれば医療費の自己負担は一割

単身シニア・高齢世代にとっての最大不安は、「病気になったとき」のことです。「アンケート調査」でも日常生活の不安の一番は、「自分の病気や健康のこと」でした。幸い日本は国民皆保険制度ですので、日本に住所がある人は国民健康保険か被用者保険（会社の健康保険）のどちらかに加入し、一部の負担金のみで医療を受けられる仕組みになっています。七五歳（一定の障害がある人は六五歳から）になると個人単位の「後期高齢者医療制度」に加入します。

医療機関を受診した場合の一部負担金は、七〇歳から七五歳未満は二割（現役並みの所得者は三割）、七五歳以上の人は（一定の障害のある六五歳以上七五歳未満の人）基本一割（現役並みの所得者は三割）です。現役並みの所得者は、健康保険では標準報酬月額二八万円以上、国民健康保険では住民税課税所得一四五万円以上の人が対象で、単身者の場合は収入が三八三万円未満であれば「一般・低所得者」の区分になります。国民健康保険料の滞納が一定期間を過ぎると有効期限のある「短期被保険者証」が交付されたり、医療費負担が全額になったり、延滞金がついたりします。最悪の場合、

図表9　医療費の一部負担（自己負担）割合について

	一般・低所得者	現役並み所得者
75歳	1割負担	3割負担
70歳	2割負担（2014年4月以降70歳になる人から）	3割負担
70歳未満	3割負担	3割負担

注）6歳（義務教育就学前）未満の者は2割。
出所）厚労省HPより作成。

差し押さえもありますので、支払いが困難になりそうになったら、自治体に減免や分割払いの相談をしてください。

■医療費負担を軽減するには、高額療養費制度を利用

医療機関での一部負担金が高額になった場合は、高額療養費制度を利用することで負担軽減ができます。

図表10　ひと月の高額療養費自己負担上限額

69歳以下

適用区分	ひと月の上限額（世帯ごと）	多数回該当の場合
～年収約370万円 健保：標準報酬月額26万円以下 国保：旧ただし書き所得210万円以下	57,600円	44,400円
住民税非課税者	35,400円	24,600円

注）旧ただし書き所得は，前年の総所得金額と山林所得，株式の配当所得，土地・建物等の譲渡所得金額などの合計から基礎控除33万円を差し引いた額です。
　一つの医療機関等での自己負担（院外処方代を含みます。）では上限額を超えないときでも，同じ月の別の医療機関等での自己負担（69歳以下の場合は2万1000円以上であることが必要）を合算することができます。この合算額が上限額を超えれば，高額療養費の支給対象となります。過去12か月以内に３回以上，上限額に達した場合は，４回めから「多数回」該当となり，上限額が下がります。

70歳以上

	適用区分	外来（個人ごと）	ひと月の上限額（世帯ごと）	多数回該当の場合
一般	年収156万～約370万円 標準報酬月額26万円以下 課税所得145万円未満等	18,000円 年間上限 14万4,000円	57,600円	44,400円
住民税非課税等	Ⅱ．Ⅰ以外	8,000円	24,600円	24,600円
	Ⅰ．住民税非課税世帯（年金収入80万円以下など）		15,000円	

注）一つの医療機関等での自己負担（院外処方代を含みます）では上限額を超えないときでも，同じ月の別の医療機関等での自己負担を合算することができます。この合算額が上限額を超えれば，高額療養費の支給対象となります。70歳以上の方の「住民税非課税」区分の方については，多数回該当の適用はありません。
出所）厚労省HPより引用作成。現役並み・高額所得者については割愛しています。

医療機関や薬局の窓口で支払った額が、ひと月（月の初めから終わりまで）で自己負担上限額を超えた場合に、その超えた金額を支給する制度が高額療養費制度です。七〇歳未満の人はあらかじめ「限度額適用認定証」の交付を受け、保険証と一緒に窓口に提示すると月の支払いが自己負担限度額までになります。七〇歳になると高齢受

給者証が交付されますので、後期高齢者医療制度に移行する七五歳前までは保険証と一緒に高齢受給者証を提示します。七五歳以上の人は後期高齢者医療保険証のみでだいじょうぶです。差額ベッド代、食事代、保険適用となっていない先進保険医療行為等は高額療養費の対象外ですが、住民税非課税世帯の場合は「限度額適用認定・標準負担額減額認定証」を自治体もしくは被用者保険者に交付してもらうことで食事代の一部が減額になります。

一部負担金の上限額は年齢や所得によって違います。七〇歳以上の人は外来だけの上限額も定められています。一人一回分の窓口負担では上限額を超えない場合でも、複数の受診や、同じ世帯にいる「家族」(同じ医療保険の加入者)の受診についても一か月単位で合算することができます。その合算額が一定額を超えたときは、超えた分を高額療養費として請求できます。ただし、六九歳以下の人は二万一〇〇〇円以上の自己負担分のみ合算となります。また過去一二か月以内に三回以上、上限額に達した場合は、四回目から「多数回」該当となり上限額がさらに下がります。七〇歳以上の場合は、二〇一八年八月以降の診療分が対象になり、「住民税非課税」区分の場合は、多数回該当の適用はありませんので注意が必要

高齢者にとって私的医療保険は必要か？

高齢期の医療費の負担が心配で，私的医療保険に入ることがありますが，保険料の支払いが家計を圧迫するようならば無理をして入る必要はありません。65歳以上で収入が公的年金のみであれば単身女性の場合はほとんどが「住民税非課税区分もしくは一般区分」に該当します。「一般区分」でもひと月の外来の上限は1万8,000円です。さらに昨今の病院は急性期が過ぎると退院させるので，よほどの重篤な病気でないかぎり，長期入院はさせてくれません。若いときから終身の医療保険に加入している人は保険料が高くないでしょうから，そのまま加入継続でいいと思いますが，60歳を過ぎての加入は保険料も高額になりますので，保険料を払ったと思って貯めておく方法もあります。仮に加入するなら，高齢者は事故による怪我や転倒のリスクが高くなりますから，怪我・事故にも対応している保険のほうが現実的でしょう。

です。

■介護保険制度を理解し、使いこなそう

二〇〇〇年、高齢者の介護を社会全体で支え「誰でもいつでもどこでも利用できる」制度として介護保険制度が施行されました。単身者にとっては「老後単身でもなんとかやれるかも?」と希望を与えてくれる制度でした。現状は当初の理念と離れ、家族依存も強く、介護保険の施設も増えていません。六五歳以上の介護保険料が、発足当時から二倍近く引き上げられた地域もあります。また低賃金による介護者不足も深刻で、介護をめぐる環境は多くの課題があります。年金だけしか収入がない場合、介護が必要になったときに、本当に介護保険を使えるのだろうかと不安になりますが、単身者にとって、頼れるものがこの制度しかないのも現実です。申請の手続きやサービスの利用の方法など複雑ですが、転倒骨折から要介護になり気づかぬうちに認知症になっていたケースなど、介護は予期せずに訪れます。もし自分に介護が必要になったときに制度をどう使うかを考え、準備しておくことはとても大切です。

■介護が必要になる原因の一位は認知症

二〇一六年の「国民生活基礎調査」によると、七五歳を過ぎると介護が必要になる人が増えています。男性では「八〇〜八四歳」の二六・一%、女性では「八五〜八九歳」の二六・二%に介護が必要になっています。要介護になる主たる原因は、「認知症」が二四・八%と最も多く、次いで「脳血管疾患(脳卒中)」が一八・四%となっています。つまり七五歳を過ぎると認知症によって要介護傾向になる可能性が高いと言えます。要介護者になった場合、厚生労働省の「介護保険事業状況報告(月報・暫定)」(二〇一七年七月分=五月サービス分)によると、在宅で介護または要支援者向けの介護予防サービスを受けた人は約三八一万

人、施設に入所してサービスを受けた人は約九三万人、「地域密着型サービス」を受けた人は約八二万人で、在宅で介護サービスを受けている人が圧倒的多数です。

■介護保険の利用は申請し、認定を受けることから

介護認定の申請は、居住地の市区町村の窓口や地域包括支援センターで行います。自分で申請ができない場合は、家族、「地域包括支援センター」「居宅介護支援事業者」「介護保険施設」の職員が申請を代行することも可能です。申請後は市区町村の職員などが訪問しての聞き取り調査（認定調査）があります。かかりつけの医師の意見書（主治医意見書）も必要です。コンピュータによる一次判定および、介護認定審査会による二次判定を経て、市区町村が要介護度を決定します。

図表11　介護申請・認定の流れ

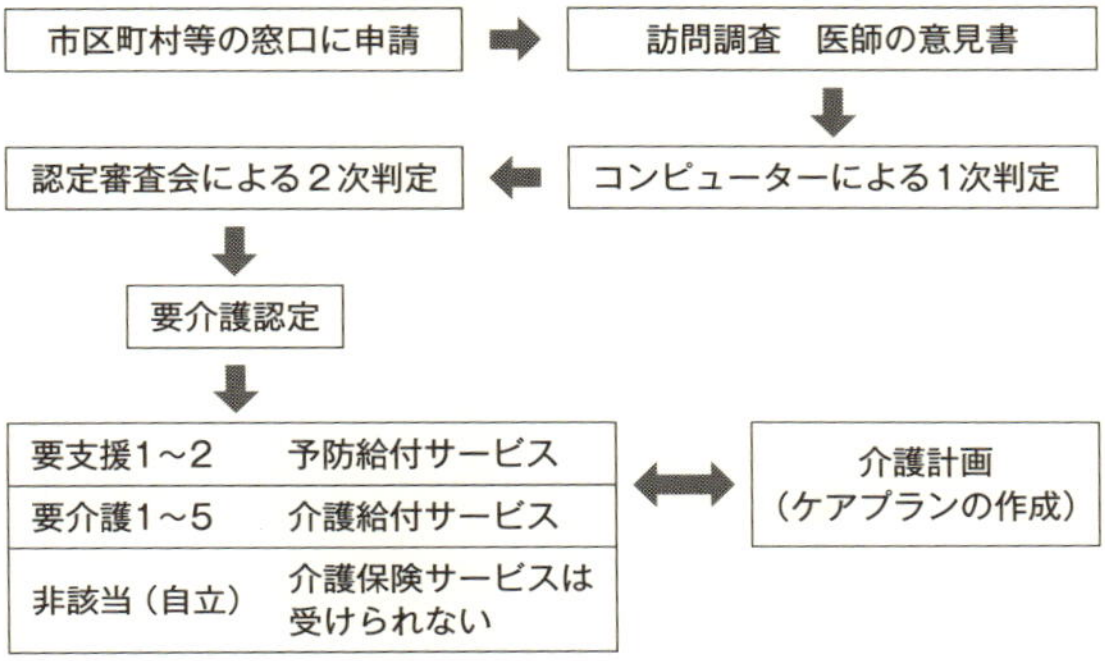

認定が下りるまではだいたい三〇日ぐらいです。介護認定は半年、一年後に再認定があり、またサービス利用中でも心身状態が変わった場合は区分変更申請が可能です。「非該当（自立）」と認定された場合でも、地域包括支援センターの介護予防事業（地域支援事業）を受けられることがあります。単身の場合、「地域包括支援センター」とつながっておくことは、介護状態になったときの備えになります。自分の体力や認知に不安をもつようになったときには、早めに介護申請をしましょう。

介護保険料は六五歳を過ぎると、年金からの天引きまたは自治体から送付される納付書で納めます。介護保険料を滞納すると介護サービ

スが受けられないことや自己負担額が上がることもありますので気をつけてください。介護サービスの利用は基本として六五歳からですが、四〇～六四歳までで「特定疾患」がある場合にも利用できます。

どのようなサービスが受けられ、費用はどれくらい？

厚生労働省が出している介護認定の判断基準は、要介護2で「要介護認定等基準時間が五〇分以上七〇分未満又はこれに相当すると認められる状態」となっていますが、これでは身体状態がどうであるかはわかりません。要介護2で「食事、排泄、入浴に介助が必要なこともあり、身の回りの世話全般に介助が必要なことがある」、要介護3で「食事、排泄、入浴、着替え等の身の回りの全てに介助が必要、歩行が自力でできないこともある」、要介護5になると「寝たきり状態」という身体状態だと把握しておけばいいと思います。

自分の介護度が判定された後は、どのような介護サービスをいつ、どれだけ利用するかを決めるサービス計画書（ケアプラン）をケアマネジャーに作成してもらい、それにもとづきサービスの利用が始まります。サービスには、ケアマネジャーにケアプラン（居宅サービス計画）を作成してもらう「支援サービス」のほかに、自宅でサービスを受けたい人の「居宅サービス」、施設に入所したい人の「施設サービス」があります。市区町村が実施する「地域密着型サービス」も各自治体で広がっています。また、身体機能の低下があっても家族による援助を受けることができない人向けの軽費老人ホーム（ケアハウス）や認知症がある人を対象にしたグループホーム、高齢者単身・夫婦世帯が居住できる「サービス付き高齢者向け住宅」等があります。

介護サービスは、介護度に応じて利用できる上限額が決められています。利用者負担は通常一割負担ですが一定以上の所得がある人は二割負担です。さらに二〇一八年の介護保険改正で、二割負担だった人の

図表12　介護サービス上限額および自己負担額

区分	上限額	自己負担1割	自己負担2割
要支援1	50,030円	5,003円	10,006円
要支援2	104,730円	10,473円	20,946円
要介護1	166,920円	16,692円	33,384円
要介護2	196,160円	19,616円	39,232円
要介護3	269,310円	26,931円	53,862円
要介護4	308,060円	30,806円	61,612円
要介護5	360,650円	36,065円	72,130円

図表13　介護サービスの種類

居宅サービス	訪問・通所介護・訪問入浴介護・訪問リハビリテーション・デイサービス・短期入所サービス等
施設サービス	特別養護老人ホーム・介護老人保健施設・介護療養型医療施設（療養病床）
地域密着型サービス	通所・訪問・認知症対応型通所介護・認知症対応型共同生活介護（グループホーム）看護小規模多機能型居宅介護等

図表14　民間型の介護施設・住宅

介護付有料老人ホーム	入居時および月額費用が高い。外部の介護サービスをつけることもできる。
サービス付高齢者住宅	バリアフリーの賃貸住宅。見守りと生活相談サービスを提供することもあるが介護サービスは外部委託する場合もある。
ケアハウス（軽費老人ホーム）	身寄りがない，家庭環境や経済状況などの理由により，家族との同居が困難な方が比較的低額な料金で入居できる。A型・B型，ケアハウス（C型）がある。介護度が高くなる，または医療が必要になった場合は退去が必要となることもある。

一部が三割負担に引き上げられます。ただ介護費用が限度額を超えた場合でも、申請すれば高額介護サービス費として払い戻されますので無限に費用がかかることはありません。

■要介護になってもできるだけ自宅で過ごしたい

施設入所の際の費用の心配や、住み慣れた自宅を離れたくないという理由で、自宅介護を望む人は多くいます。自宅を拠点にして受けられるサービスは、訪問看護や通所のデイサービスがあります。介護度が低い場合はサービスを利用しながら自分ひとりの生活が可能ですし、実際単身でそうした生活をしている人はたくさんいます。しかし介護度が高くなった場合や認知症がある場合に、同居で世話をしてくれる人や通ってくれる身内がいないと、どういう生活になるのだろうかと不安になります。単身者に親身になってくれる事業所に巡り合えるのがいいのですが、認知症を発症した後では業者探しは無理になります。元気なうちに、地域のデイサービス事業所や短期入所施設を見学し、介護が必要になったときの備えをしておきましょう。

単身者がどのようにデイサービスを利用し、事業所がどのようにサービスを提供しているのかは気になるところです。そこで、知り合いのケアマネジャーでデイサービス事業所を開設している町野美和さんに実情をお聞きしました。

ケアマネでデイサービス、ヘルパーの事業所を二〇一〇(平成二二)年一一月に始めて八年目になります。要支援1から要介護5までの利用者約二〇〇人をケアしてきました。主にひとり暮らしの高齢者です。なかには重度の独居認知症の方もいました。デイサービスを週五回利用してもらい、朝ご飯、昼ご飯、夕食を提供しています。朝、ベッドから起こし、服を着替えていただき、送迎車に乗ってもらい、歯磨き、服薬管理、入浴、機能訓練をしています。帰宅したら、寝るだけです。着替えた服はデイサービスで一回一〇〇円の洗濯乾燥を利用しています。必要であれば、歯科医、内科、診療内科、整形外科、眼科、皮膚科等に家族に代わって無料で通院介助等もしています。

介護保険の点数が不足している人には一回八〇〇円で、土曜日、日曜日に訪問介護をし、掃除や服薬が困難な人には朝食や夕食を準備してお薬を飲んでもらっています。

そうした手厚いサービスを提供すれば、重度の認知症高齢者でも独居生活が送ることができます。市町村によっては徘徊時の居場所を特定するGPSを貸し出す制度や、無料で警備保障会社が見回りにきてくれる緊急警報システムの利用制度もあります。

この仕事を通して私が学んだことは、認知症の人はその人なりに生活能力があり、賢いということです。Hさんは私どもを利用する以前、尿失禁するとコインランドリーに行き、汚れたパンツやズボンを脱いで洗濯機に入れ、隣にあった乾いた他人の服に着替えていました。認知症と医師に診断されていると、窃盗で警察沙汰になっても無罪です。他人に迷惑をかけてはいけないというルールを逸脱すれば、なんとか生きていけます。遠慮も忖度も空気を読む必要もありません。

しかし、ボヤと水漏れ防止の方法だけは認知症になる前に身につけるべきです。認知症になってから、火事が心配でガスレンジをIHに替えても使いこなせません。Kさんは、目玉焼きをするのに、直接、IH調理器の上に生卵をのせていました。IH調理器はフライパンなどの鉄に電子が照射されて発した熱が食材を温めます。その原理を何度説明しても理解できません。ですから、火事が心配だったら、認知症になる前にIH調理器を導入し、使い方に慣れておくべきです。

また、集合住宅で問題なのは水漏れです。紙おむつを便器に流そうとして水漏れがよく起きます。紙パンツやパットを使う前から、紙類や汚れたパンツ等は便器に流さないという習慣づけが必要です。

昔、くみ取り式のトイレの糞尿を畑の肥やしに使っていました。お尻を拭いた紙類は便器のそばに置いてあるくず入れに捨てていました。そういう美風を復活すべきです。ひとり暮らしで、お金がなくて、認知症になっても、現在の社会保障制度を維持していればだいじょうぶです。

■施設入居の際の介護度、費用はどれくらい？

自宅での生活が厳しくなったときに、どうするかも考えておく必要があります。「アンケート調査」では、「特別養護老人ホームやグループホームに入りたい」が四五％近くで、有料老人ホームやサービス付き高齢者住宅の入居を考えている人は一七・五％でした。年金・資産のある人は「有料老人ホーム。サービス

図表15　施設入居にかかる費用の目安

種類	入居一時金	月額利用料の目安
特別養護老人ホーム（特養）	0円	6万～15万
介護老人保健施設（老健）	0円	6万～15万
介護療養型医療施設（療養病床）	0円	6万～15万
グループホーム	0円～数百万	8万～15万
ケアハウス（軽費老人ホーム）	数十万～数百万円	10万～15万
サービス付き高齢者向け住宅	敷金礼金あり	10万～20万 介護費用は別途

図表16　施設の費用と介護度

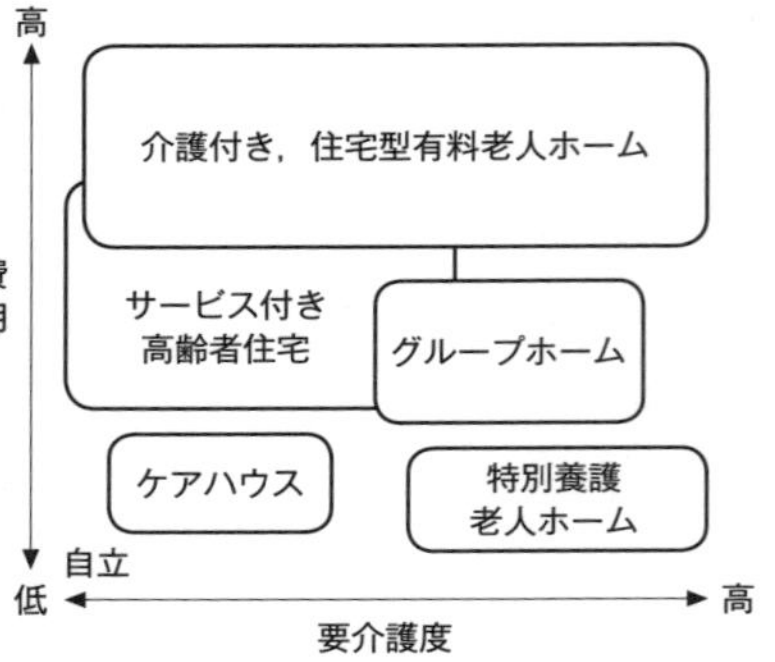

付き高齢者住宅」を希望し、年金・資産に不安のある人は「特別養護老人ホーム、グループホーム」を希望する結果でした。

　年金や貯蓄が少ない人の選択肢としては、特別養護老人ホーム、介護老人保健施設（老健）、介護療養型医療施設（療養病床）、ケアハウス（軽費老人ホーム）、グループホームなどがあります。これらの施設は生活保護を受給していても入居可能です。グループホームは、もともと認知症の人を対象とした施設ですが、他の施設でも認知症に対応してくれるところがほとんどです。特別養護老人ホームは、原則として要介護3以上とハードルが高いのですが、他の施設は要介護1以上であれば受け入れているようです。ケアハウスのように「自立」から入れるところもあります。

　現状の介護施設の設置状況を考えると、グループホームやリハビリ対象の老健に入居し、特別養護老人ホームの空きを待つという道が現実的かもしれません。団塊世代が七五歳を迎える二〇二五年に向けて介護難民と言われる人は増えていくでしょう。貧しい者は介護を受けられず、安心した老後を送れないような深刻な現状ですが、自分にとってどのような選択肢がありうるのか、シビアな選択が必要だということでしょう。

　施設費用は介護保険で運営されている特別養護老人ホーム、介護老人保健施設、介護療養型医療施設、地方自治体や社会福祉法人などが運営する福祉施設であるケアハウス（軽費老人ホーム）は比較的安く、それ以外の施設は高く、とりわけ都市部が高い傾向があります。

介護保険施設に入所したりショートステイを利用する場合、居住費と食費は、全額利用者の負担となります（具体的な金額は各施設で設定）。ただし前年の住民税が非課税の場合などは、施設利用が困難とならないように、居住費と食費の負担が軽減される「特定入所者介護サービス費」の制度利用が可能です。そのことにより通常の利用料より安く利用できます。逆に前年の住民税が非課税であっても単身者で一〇〇〇万円以上の貯蓄があればこの制度は使えず、通常の費用を払うことになります。

地方のグループホームでは安いところがありますが、地域密着型サービスに属するため、自治体の住民でないと入居できません。また、どの施設でも保証人や身元引受人を要求されるのがほとんどです。身元引受人がいない場合は、自治体の高齢者支援制度や後見人制度を使えないか調べておきましょう。持ち家の人の場合は、家をどうするかの問題もあります。このように単身の人が施設入居にいたるまでは、クリアしないといけないことが多々あります。介護に入る前、あるいは介護度が低いうちに、それぞれが考えておきたいことです。

■ 各地域にある高齢者向けの支援事業

どの自治体でも、介護保険のほかに高齢者の支援を独自に行っています。買い物・掃除の代行、安否確認、配食見守りサービス、家庭内で緊急の病気や事故が起きたときに対応してくれる緊急通報システムなどがあります。住んでいる自治体の高齢者支援情報をぜひ調べてください。数は少ないのですが、個別課題への対応とともに、ひとり暮らしの高齢者が人生を終えるまでのトータル支援を実施している自治体もあります。

図表17　公益財団法人東京都防災・建築まちづくりセンターの「あんしん居住制度」事業

見守りサービス	緊急通報装置と生活リズムセンサー，携帯用ペンダント（室内での利用）の三つで，住まいでの安否の確認や緊急時の対応サービスを行う。提携先が実施。
葬儀の実施	死亡診断書を受け取り直葬。納骨堂と慰霊堂も用意（預かり金の範囲内での利用）
残存家財の片付け	住宅内に残された家財（貴重品以外）の片付け。持ち家の場合は，居住面積による。仏壇や位牌も貴重品扱いなので現金通帳と一緒に指定連絡先の方に引き取ってもらう。指定連絡先の方を立てられない場合は，遺言書の作成を勧めている。

図表18　東京都足立区の社会福祉協議会権利擁護センターでの「高齢者あんしん生活支援事業」

あんしんサービス	入院・施設入所の際の保証人に準じた支援（預託金の範囲内での保証），契約の立会い，預貯金の払い戻しの手伝い等
生活支援サービス	日常の生活において，預貯金の払い戻し，郵便物の確認，区役所の手続きなどの手伝い
書類等の預かりサービス	入院中や外出時の通帳・保険証書等の預かり

東京都の外郭団体である公益財団法人東京都防災・建築まちづくりセンターが「高齢者支援事業」として「あんしん居住制度」事業を行っています。住み慣れた住宅、地域での高齢者の生活を支えることをコンセプトに、「見守りサービス」「葬儀の実施」「残存家財の片付け」等を提供しています。対象は島民を除く東京都民です。認知症の人が契約する場合は、書類手続きや金銭管理の手助けをしてくれる人が必要ですが、成年後見人がいる人、社会福祉協議会が行う地域福祉権利擁護事業を利用している人は契約できます。ただし、この制度は入院や施設入所などの保証人には対応していません。

費用の支払いは、預託金タイプと月払いタイプがあり、月払いタイプは契約時点で七九歳以下の人が対象で健康状態など要件が付されています。月払いの見守りサービスを契約した場合は、年間五万四七八〇〇円の利用料がかかります。

預託金タイプの「葬儀の実施」と「残存家財の片付け」の場合は、五一万六七〇〇円の預託金が必要です。預託金タイプの組み合わせは六パターンありますので、詳細は公益財団法人東京都防災・建築まちづくりセンターのホームページで確認するか、電話で問い合わせてください（〇三－五四六六－二六三五）。

東京都足立区の社会福祉協議会権利擁護センターでも「高齢者あんしん生活支援事業」を実施しています。足立区在住で、契約内容を理解できる六五歳以上のひとり暮らしの人が契約できます（親族がいない、所得制限等の条件あり）。支援内容は、①あんしんサービス、②生活支援サービス、③書類等の預かりサービスです。書類審査を通過した後預貯金、身体や病気に関すること、葬儀・埋葬に関することなどのヒアリングがあり、サービス内容を決め、公証役場で公正証書遺言を作成し、社会福祉協議会と契約することになります。

費用は預託金制度と月ごとの利用料からなっています。年会費二四〇〇円、預託金は五二万円（施設入所の場合、入所費用の三か月分が加算）、月ごとの利用料は「あんしんサービス」が一〇〇〇円（一日一回当たり）、「生活支援サービス」が一〇〇〇円（一日一回当たり）、「書類等の預かりサービス」が一〇〇〇円（一日一回当たり）です。契約時に認知症などで判断能力が十分でない人は契約できませんが、契約後に判断能力の低下が見られた場合は、公的制度である地域福祉権利擁護事業や成年後見制度につないでくれます。

大分市社会福祉協議会では、頼れる身寄りのいないひとり暮らしで事業契約ができる人を対象とした成年後見制度として、判断能力がしっかりしている間の入院時や施設入所時に必要なサービスを追加した「やすらぎ生活支援事業」を行っています。

福岡市社会福祉協議会でも、定期的な電話連絡や訪問とともに、あらかじめ預託金（五〇万円）を預け、利用者が亡くなった場合に預託金の範囲内で葬儀の実施や必要経費等の支払いや、残存家財の処分をする「ずーっとあんしん安らか事業」を行っています。

高齢単身者が増加している背景もあり、注目されているのは「身元引受人」を事業として行っている会社やＮＰＯ法人です。入会すれば安否確認や身のまわりの世話、死亡後の葬儀や納骨まで引き受けているところが多く、単身者にとっては老後の不安をまるごと解消してくれそうな支援になっています。ただし、この事業は許認可制度ではなく監督する機関が存在していないこともあり、不安な点もあります。この事業で大手だった公益財団法人「日本ライフ協会」が利用者の預託金を他事業に流用して破産したのも記憶に新しいことです。公益法人でも破産するのですから、民間企業やNPO法人の場合は、何を基準に判断したらいいのか迷います。「お金は払ったけれど、だいじょうぶだろうか?」ということになりかねません。費用もそれなりに高額です。A社では初期費用が入会金一万円、年会費一万円、事務管理費五三万円、身元保証料の預託金四五万円で合計九〇万円にもなります。翌年以降は年会費のみですが、葬儀・納骨・死後事務支援費を別途依頼すれば五〇万円を追加で預託しなければなりません。有料の生活支援は時給三五〇〇～四五〇〇円と高額です。

このように民間の場合は費用も高額なので、まずは住んでいる地域の公的な支援や後見人制度につながることができれば、そちらを優先しましょう。民間しかない場合は実施主体の経営状況や支援体制をしっかり調べ、ひとりで判断せず第三者の意見も聞いたうえで決めましょう。

■認知症などで判断能力が低下した人を支援・保護する成年後見制度

認知症や障害などがあり、判断能力が十分でない人を支援・保護する制度として成年後見制度があります。成年後見制度は、すでに判断能力が低下している人にかわって契約や財産管理をする「法定後見制度」と、今問題がなくても将来判断能力が衰えた場合に備える「任意後見制度」があります。財産の管理、施設への入居契約、遺産分割の協議などが含まれます。悪徳商標の被害等の日常の契約リスクから身を守ってもらえる制度です。ただ身のまわりの世話や買い物代行などは後見人の仕事には入りません。

「法定後見制度」 成年後見等の申立ては、本人の居住地の家庭裁判所にします。申立てができる人は本人・配偶者・四親等内の親族等です。身寄りがいない人や親族・身内が協力してくれないなどの理由がある場合は、自治体の長が申立てることができるようになっています。申立て後は裁判所の許可がないと取り下げることができません。法定後見制度は本人の判断能力によって三つに分類され成年後見人、保佐人、補助人が家庭裁判所から選任され、本人にかわって財産管理や身上看護を行います。弁護士、司法書士、社会福祉士などの専門職や後見制度に詳しい法人や親族が選任されます。本人の希望に合う人が後見人になれないこともあります。

家庭裁判所は後見人の仕事が適切かどうか成年後見人を監督します。法定後見人申立てにかかる費用は申立手数料（収入印紙）八〇〇円、成年後見登記手数料（登記印紙）二六〇〇円、切手代三〇〇〇～五〇〇〇円、本人の判断能力の医学鑑定（後見・保佐のみ必要）はほぼ一〇万円以下となっています。その他、住民票や戸籍謄本、医師の診断書が必要になります。法定後見人への報酬は家庭裁判所が決め、個々のケースによって異なります。

図表19　成年後見制度の概要

	類型	判断能力	援助者
法定後見制度	後見	判断能力が欠けているのが通常の状態な方	成年後見人
	保佐	判断能力が著しく不十分な方	保佐人
	補助	判断能力が不十分な方	補助人
任意後見制度	本人の判断能力が不十分になったときに，あらかじめ結んでおいた任意後見契約にしたがって任意後見人が援助する制度		

出所）法務省民事局の資料より転載。

「任意後見制度」　将来、判断能力が衰えた場合、自分の財産をどうするか、どういう支援をどういう人に頼みたいかを決めるのが任意後見制度です。任意後見人と「任意後見人契約書」を書面化し公証人役場で公証人に作成してもらいます。その後、公証人が契約内容を法務局に登記するという流れです。任意後見制度にも三つのパターンがあります。将来支援を受けたい「将来型」、今から支援を受けたいが判断能力に問題がない人の「移行型」、今の判断能力に不安がある人の「即効型」のなかから、自分の状況に合わせて選ぶことができます。

任意後見人になれる人は、未成年者・破産者を除いて契約で依頼された弁護士、司法書士、社会福祉士などの専門職のほか、NPO団体、身内・親戚もなることができます。家庭裁判所が選任した任意後見監督人が後見人の仕事を監督します。任意後見人契約公正証書の作成に必要な費用は、公正証書作成の基本手数料が一万一〇〇〇円、登記嘱託手数料一四〇〇円、法務局に納付する印紙代二六〇〇円、そのほかに切手代がかかります。後見人の報酬額は、本人と後見人を引き受ける人との間で、自由に取り決めをすることができます。後見監督人にも報酬の支払いが必要で、報酬額も家庭裁判所が決定します。

成年後見制度は、ひとり暮らしの老後をサポートしてくれる制度ですが、実際はあまり普及していないようで、二〇一六年一二月末時点で利用者数は約二〇万人です。そこで、この制度を具体的にイメージできるように、後見人を数多く務めている司法書士の松本政雄さんにお話を聞かせてもらいました。

成年後見制度については、手続きが煩雑、お金がかかると割高感を感じている人もいらっしゃいます。このことが、高齢化社会に向かっているのにもかかわらず、後見制度が想定より普及しない要因と言えるかもしれません。現在、成年後見制度を利用している人の多くは、法定後見制度を利用しています。法定後見制度のほかに任意後見制度があり、任意後見は判断能力が衰えるときに備えるものです。法定後見制度の「補助」「保佐」は、「後見」に比べ利用する高齢者等の判断能力が残されている場合に利用される後見制度区分と言えます。法定後見の各区分(「後見」「保佐」「補助」)は、後見人と後見監督人への報酬や公正証書による契約が必要となる任意後見制度に近い制度なので、うまく自分の希望に沿う後見制度を司法書士やリーガルサポートなどの専門家に相談して、検討するとよいと思います。

任意後見制度のよいところは、自分が信頼できる人にあらかじめ今後のことを相談でき、頼めることだと思います。ただ、後見状態になるのがいつかはわからない(任意後見人が家庭裁判所に後見開始申立てを行うことが必要)、また後見人が死亡したり関係が悪くなったりすることもあるので、誰に頼むかを決めるのは難しいと思います。任意後見契約は、支援内容の契約とともに死後の事務(葬儀や病院代等の支払い)などが決められ、遺言書も同時に作成する場合もあります。ひとり暮らしで親族がいない高齢者等が施設に入るときに後見人が必要になります。後見人がいなければ入所契約ができないためですが、亡くなったときや施設利用料の支払いについても後見人がいれば施設も安心というところでしょうか。ただ、後見人は身元保証人や身元引受人にはなれません。自治体の「あんしんサポート」等の高齢者支援から後見人につながることもあります。ひとり暮らしの高齢者が孤立しないためにも、社会福祉協議会やNPO法人が運営している「成年後見センター」や自治体の「高齢者あんしん生活事業」にも相談して、後見制度等を利用して、ひとり暮らしでも親族がいなくとも、老いた後の生活の心配がなく、誰もが幸せな人生を過ごしてほしいと思います。

■生活がたちゆかなくなったら生活保護

日本の女性の平均寿命は八七歳。仮に七〇歳まで働いて年金が月額一〇万円、生活費を一五万円とすれば年間六〇万円の不足になります。病気もせず介護状態にならないとしても、平均寿命まで生きると一〇〇〇万円程度の貯蓄が必要になります。五〇〇万円しか貯蓄がなければ八〇歳前に底をついてしまいます。貯蓄がない人は、働けなくなったらたちまち生活困窮に陥ります。今の日本は、お金がないと老後の生活がままならないという不条理な社会になっています。年金で生活費をまかなえる人、何千万もの貯蓄がある人や売却価値のある不動産をもっている場合は安心感もあるでしょうが、そうではない場合は、長生きすればどこかで息切れし、貯蓄はいつかは底をつきます。今の日本の高齢者事情、単身女性の実情を考えれば、息切れするのが早いか遅いかだけのようにも思います。

それでも生きる道はあります。たちゆかなくなったら、生活保護を受けるという道です。「アンケート調査」でも、「生活が立ち行かなくなった場合」の対処法として、不動産をもっている人は売却する（三一・一％）でしたが、最も多かったのは生活保護を受ける（四〇・九％）でした。この日本に住所がある人は、憲法に保障された最低限の生活を営む権利があります。その最低限の生活を保障するものとしてあるのが生活保護です。働いていて収入が生活保護基準に満たない場合も生活保護は受けていいのです。高齢単身者の生活保護基準は高くありませんし、最低限の生活を満たすギリギリの金額ぐらいですが、それでも生活困窮に陥れば生活保護しかありません。

今、生活保護を受けている高齢者は八六万人しかいません。高齢単身女性の二人に一人が貧困状態にあるなか、生活保護基準以下の生活をしている人も多くいるでしょう。老後の生活費の不安や、いつ貯蓄が底をつくかの不安のなかで生きるより、最後には「生活保護」があると思うと気持ちも楽になりませんか？　老いも若きも〝明日は我が身〟の日本の貧困事情です。生活がたちゆかなくなったら、最後のセーフティーネットの生活保護を受けましょう。

■生活保護の仕組み

生活保護制度は、資産や能力等すべてを活用してもなお生活に困窮する人に対し、その困窮の程度に応じて必要な保護を行い、健康で文化的な最低限度の生活を保障するとともに、自立を助長することを目的とした制度です。預貯金、生活に利用されていない土地・家屋等があれば売却し生活費に充てる、働くことが可能な人は、その能力に応じて働く、年金や手当など他の制度で給付を受けることができる場合は、まずそれらを活用し、親族等から援助を受けることができる場合は、援助を受ける等の条件があります。そのうえで世帯の収入が生活保護基準以下であれば受けることができます。

子どもがいる人は、子どもに扶養照会がありますが、子どもが扶養できない場合はその旨の書面を提出します。基本的に、手元に現金やあればそれを使ってしまい、解約金の返戻金のある生命保険があるなら解約し、あるいは返戻金を使ってから申し込むことになります。自動車の保有は、障害がある人、通勤・通院等に必要な場合などには認められることがありますが、資産に該当するということで処分を求められるのが一般的です。生活保護の申請は自治体の生活保護申請窓口で行います。ひとりでの申請が不安な人は、支援団体や友人に同行してもらいましょう。

■高齢単身者の生活保護での生活は

国が定める生活保護は、生活扶助、住宅扶助、教育扶助、医療扶助等の八つの扶助があり、それぞれ必要に応じて利用します。また家族数、年齢、住んでいる場所（級地）によって扶助費に差があります。たとえば高齢単身世帯（七〇歳）の生活扶助費は東京都区部等では七万四六三〇円ですが、地方ではこれより少なくなります。同じように住宅扶助も都市部と地方では差があり、上限が決められています。東京二三区内の住宅扶助上限額は五万三七〇〇円ですので、公営住宅の場合は上限内に納まりますが、民間賃貸の場合は注意が必要です。具体的に東京二三区内に住むA子さんの生活で保護を受けた場合どうなるか見ていきましょう。

七〇歳のA子さんは、六五歳を過ぎて持病が悪化

図表20　生活保護の種類と内容

扶助の種類	生じる費用と支給内容
生活扶助	日常生活に必要な費用（食費・被服費・光熱費等）母子加算等あり
住宅扶助	アパート等の家賃，定められた範囲内で実費を支給
教育扶助	義務教育を受けるために必要な学用品費，定められた基準額を支給
医療扶助	医療サービスの費用，費用は直接医療機関へ支払（本人負担なし）
介護扶助	介護サービスの費用，費用は直接介護事業者へ支払（本人負担なし）
出産扶助	出産費用，定められた範囲内で実費を支給
生業扶助	定められた範囲内で実費を支給，定められた範囲内で実費を支給
葬祭扶助	葬祭費用，定められた範囲内で実費を支給

出所）厚労省HPより引用作成。

図表21　A子さんが生活保護を受給した場合

A子さんの現在の生活

収入	年金	貯蓄の切り崩し	合計
	65,000円	50,000円	115,000円
支出	家賃	生活費（日常生活費，水光熱費，医療費，介護保険料等）	
	45,000円	70,000円	115,000円

A子さんが生活保護を受けた場合に支給される扶助費

保護費から	住宅扶助	生活扶助	医療費扶助	合計
	45,000円	74,630円	費用は直接医療機関へ	119,630円

年金収入を生活扶助費から控除した実際生活

住宅扶助	生活扶助	年金収入	医療扶助	合計
45,000円	9,630円	65,000円	無料	119,630円

注）2018年8月現在。

し、仕事を辞めざるをえなくなりました。A子さんの年金は月額六万五〇〇〇円、民間賃貸の家賃が四万五〇〇〇円。健康保険料、介護保険料、医療の窓口負担などを入れた生活費支出は七万円と節約した生活をしています。年金で足りない分は貯蓄を取り崩して生活してきました。貯蓄も底をつきそうになったので、生活保護を申請しようと考えています。A子さんの生活は、生活保護を受給するとどうなるでしょうか？

家賃は住宅扶助の上限内ですから四万五〇〇〇円が全額支給されます。生活扶助は月額七万四六三〇円ですが、年金収入が六万五〇〇〇円ありますから、それを控除した残りの九六三〇円が扶助費として支給され、年金を含めた現金収入の合計は一一万九六三〇円となります。以前の生活費が一一万五〇〇〇円ですから、おおまかには貯蓄を取り崩していた分程度が生活保護から支給されるだけと見えますが、そうではありません。健康保険料がいらなくなります。もちろん、医療費は個人負担なしで全額医療扶助から支給されますので安心です。介護保険料も別に支給され、将来、仮に介護が必要になっても介護扶助が支給されて自己負担はありません。また住民税の負担はありません。結局、住民税と健康保険料、介護保険料の負担がなくなり、医療や介護のサービスが必要になったときにも負担はないのです。いつ貯金がつきるのかを心配しながら、薬や治療を我慢することもなくてすみます。

■最大のセーフティーネットは助けてくれる人づくり!

健康でお金の心配がなく、ぬくもりある穏やかな人との関係があれば、高齢期はハッピーに過ごせると、誰かの本で読んだことがあります。病気や介護など先のことはわかりませんが、できるだけ健康に気をつけて過ごすことはできます。安心できるお金は人によって違います。ただ高齢単身女性で、高齢期にお金の心配がない人は少数でしょう。残る「人」は、どうでしょうか?

私たち「わくわくシニアシングルズ」では、年に何回かですが、都内で交流会をしています。高齢の人もいるので、その日の体調次第で参加数が変わりますが、顔を合わせて話すことで安心できます。また出かけるのが難しい場合は、ネットを使って話すことができます。こういう人と人との関係は、生きる支えになるという声もあります。

ただ高齢期になり、体力も知力も低下していけば、動ける範囲はおのずと限られ、住んでいる地域で過ごす時間が中心になるでしょう。遠くの知り合いが困っていても、声はかけられても自分は動けないことになるかもしれません。これから先、言動が不安定になり、認知症かもしれないときに気づいてくれる近場の人とのつながりが、単身で生きる者にとって必要となってくるのだろうと思います。誰の世話にもならずに生きていける人はいないでしょう。困ったときに頼りになる人・助けてくれる人を身近につくっていくためにも、今、動けるうちにできることもあるだろうと思います。

介護に携わっている知人から、「単身の人は、元気なうちに地域活動や社会福祉協議会のボランティア活動に参加するとか、地域包括支援センターにつながっていくのが、いざというときの助けになるから。人に頼らないで生きると思わないことだね」と言われました。老後の最大のセーフティーネットとして、今までつくってきた人との関係にプラスして、身近な地域での関係づくりに動き出してみませんか。

心と体を健康にして、更年期や老後を快適に過ごしましょう

川前 凉子（鍼灸師・フェルデンクライス公認講師）

女性は、更年期を迎える頃から心や体の状態が大きく変わります。更年期と上手につきあい、体の老化にあらがうことなく、老いを受け入れてケアしていきましょう。アンチエイジングと言うより、年齢に即した「今の自分」に寄り添いながら、仕事や介護に向き合い、日常生活をスムーズに送りましょう。

■バランスよく体を動かし、健康を保つ

肉体の機能は、年齢とともにさまざまに変化し衰えていきます。そんななかで大切なことは、体をバランスよく動かすことです。ここで言うバランスとは、左右対称という意味ではなく、自分にとって無理なく自然に動かせる、ということです。

仕事や介護と向き合いつつ、日常生活を快適に過ごすためには、バランスよく体を使い、疲れにくい、あるいは疲れても回復しやすい体をつくることが大切です。そのためには、筋力だけに頼らないで、骨格に意識を向けて体を動かしましょう。背骨や骨盤を意識しながら動くと、たとえ筋力が落ちても、無駄な努力をせずに機能的に動けるようになり、疲れにくく、痛みやコリ、転倒などの少ない日常を送ることができます。また、脳が活性化され、認知症の予防にもなります。

骨格のバランスがとれにくくなると、体が左右に傾いたり、猫背になったりして姿勢が悪くなります。

歩くときも、ふらついたり、転びやすくなります。

■楽な姿勢がとれるようになり、バランスよく動くための体操（フェルデンクライス・メソッド）

●背中を丸めたり、そらしたりする動き——全身の動作がスムーズになる（椅子や床に座って行う）

① 息をはきながら、おへそを見るように背中を丸める。

② 息をすいながら、背中をそらす。斜め上を見るように顔を上げて、腰を少し立てる。骨盤、背骨、首の動きのつながりを感じながら、ゆっくりと心地よい範囲で動く。

③ ①②を交互に一〇回以上、何回行ってもよい。全身の動作がスムーズになり、疲れにくく、肩こり・腰痛・猫背が予防・改善される。

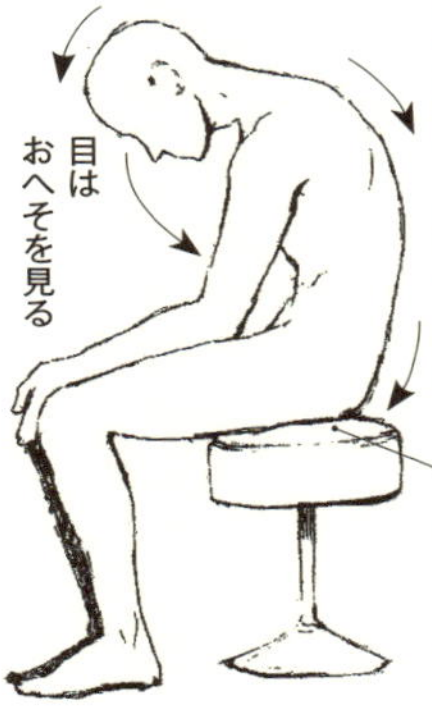
背中を丸める
腰は後ろに傾く
肛門より後ろで椅子を押すつもりで
頭は下へ

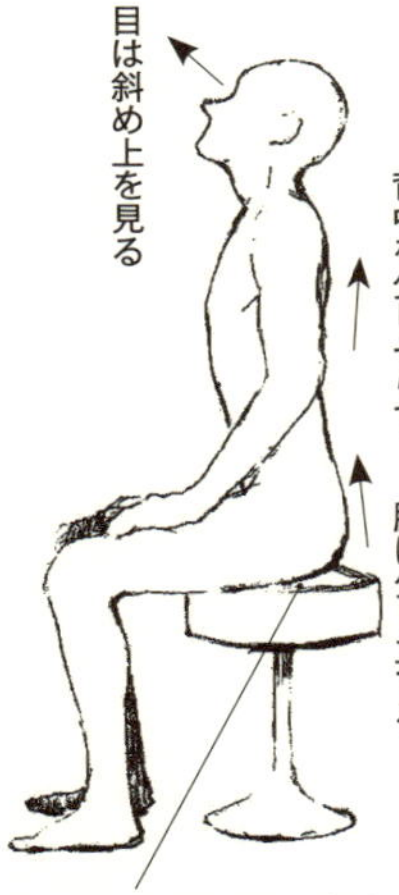
背中を少しそらす
腰は少し立てる
肛門より前のあたりの会陰やちつの入り口付近で椅子を押すつもりで

●肘と膝を近づける動き――楽に歩く、転倒を予防する（椅子に座って行う）

① 両肘を曲げる。

② 息を吐きながら、左膝を上に持ち上げ、右肘と左膝を近づける。顔は左を向く。肘と膝はつかなくてもよい。奥歯をかまないように、歯と歯の間に隙間をつくり、口のなかを楽にして動く。

③ 息を吸いながら元に戻す。

④ 同様に反対側も行う。

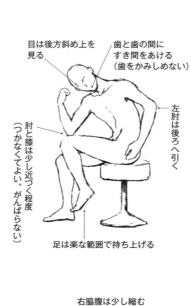

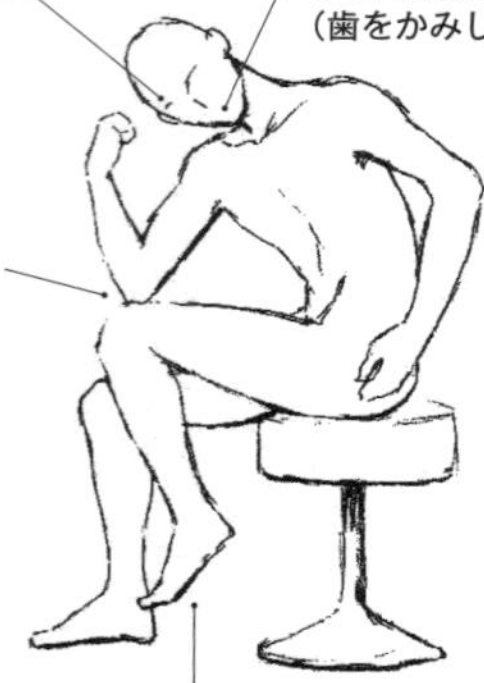
目は後方斜め上を見る
歯と歯の間にすき間をあける（歯をかみしめない）
左肘は後ろへ引く
肘と膝は少し近づく程度（つかなくてよい。がんばらない）
足は楽な範囲で持ち上げる

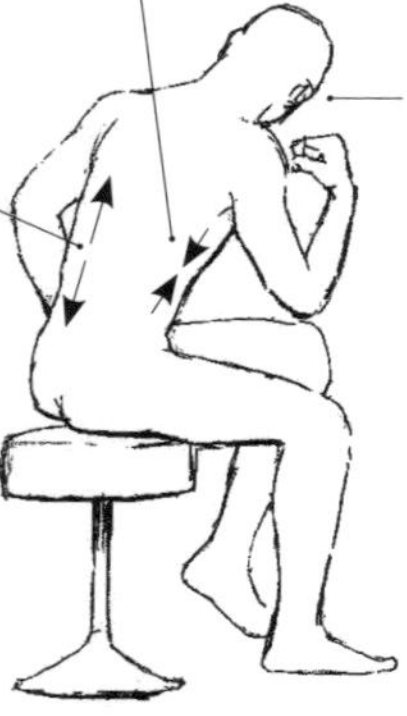
右脇腹は少し縮む
右耳は床のほうへ向く
左脇腹は少し伸びる

●肘と膝を近づける動き――楽に歩く、転倒を予防する（立って行う）

① 両腕を曲げる。

② 息を吐きながら、右膝を持ち上げ、左肘を右膝に近づける。右肘は後ろに引く。顔と体は、少し右に向く。無理にひねらない。

③ 息を吸いながら元に戻す。楽な呼吸で行う。
④ 同様に反対側も行う。

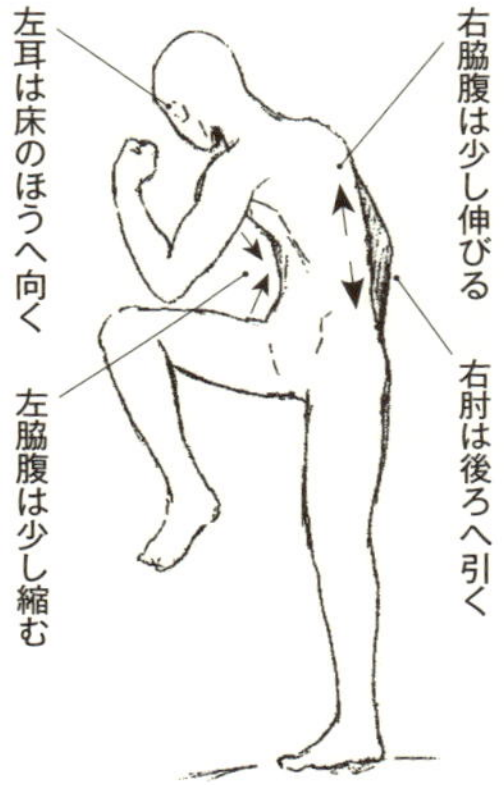
右脇腹は少し伸びる
右肘は後ろへ引く
左耳は床のほうへ向く
左脇腹は少し縮む

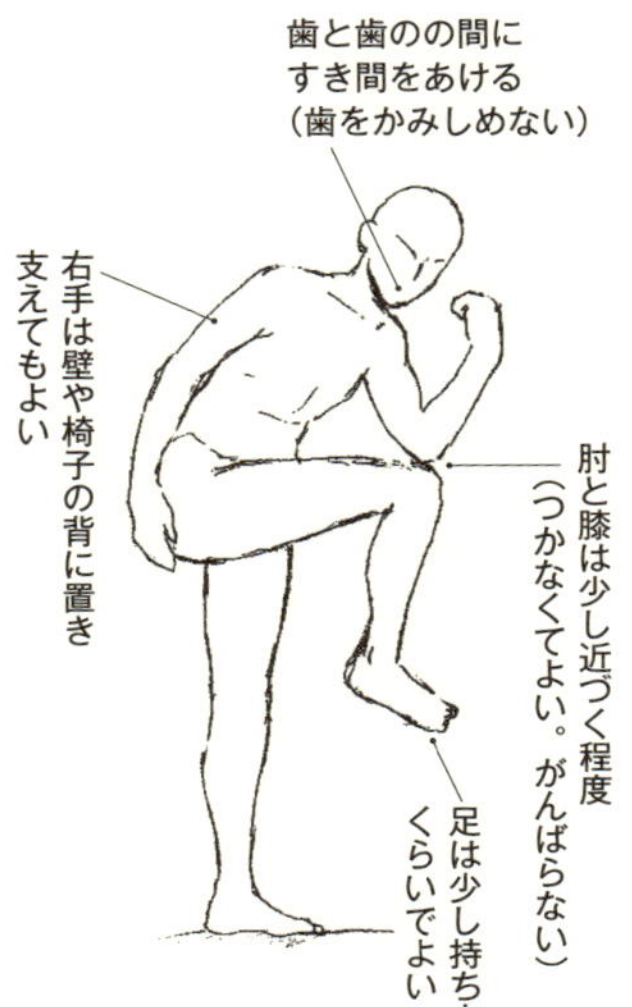
歯と歯のの間に
すき間をあける
（歯をかみしめない）
肘と膝は少し近づく程度
（つかなくてよい。がんばらない）
足は少し持ち上げる
くらいでよい
右手は壁や椅子の背に置き
支えてもよい

※注意　片足で立ちにくい場合は、持ち上げた足と同じ側の手を壁や椅子の背に置き、支えにして動く。
※ポイント　ゆっくり小さく動くこと。息が止まるほどがんばらず、やりやすい側は多く、やりにくい側は少ない回数でよい。
※問い合わせ　日本フェルデンクライス協会（http://j-felden.org）

■東洋医学で心と体を整える

●更年期の不調に効くお灸

更年期になるとホルモンバランスの変調により、疲れやすい、イライラする、気がふさぐ、急に汗をかく、肩こり、腰痛、不眠、ほてり、むくみなど心身のさまざまな症状がでます。これらの症状は、自律神経（交感神経と副交感神経）のバランスが崩れることによって引き起こされます。

東洋医学では、瘀血《おけつ》といって、血のめぐりが悪くなり、下腹部に滞りができることによって引き起こされると考えられます。鍼治療やお灸、漢方薬によって症状が軽くなります。ここではお灸を紹介しますが、症状が重い場合は専門家の治療を受けましょう。カマヤのミニ灸といって、簡単にできる筒状になったお灸があります（せんねん灸でもよい）。

お灸のツボは、太衝《たいしょう》（左右）、太谿《たいけい》（左右）、関元《かんげん》です。毎日、各一個ずつすえるといいでしょう。

お灸がないときは、ペットボトルにお湯を入れてツボの付近を温めたり、また腰の仙骨《せんこつ》あたりを手のひらで温めても効果があります。

親指と人差し指の間をなでていって骨に突き当たるあたりの硬いところ

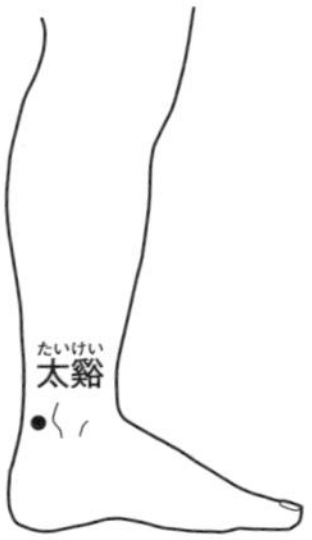

内くるぶしとアキレス腱の間の柔らかいところ

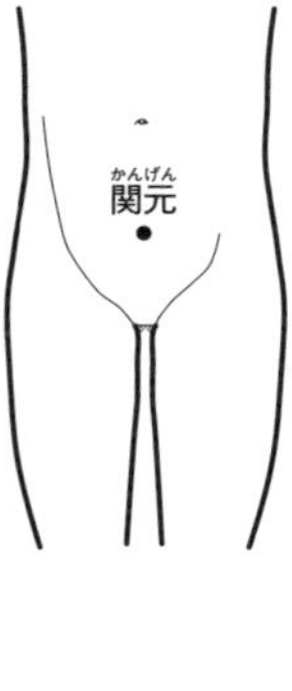

へそと陰毛の間の真ん中より少し下（下から2/5くらいのところ）だいたいでよい

●老化による「力」の衰えを補うお灸

東洋医学では、年をとると腎虚《じんきょ》といって、腎の力（もって生まれた生命力）が弱まり、体が老化していくと言われています。「腎は骨を主《つかさど》り、大脳を主る」と言われ、腎の力が弱まると脳の働きが低下し、認知症になったり、骨格系のコントロールに影響がでたりします。そうすると、歩くときにふらついたり、つまずいて転びやすくなったり、骨折しやすくなったりします。歩行困難は単に筋力が弱くなったから起こるのではなく、腎虚によるバランス感覚の低下によるものと言えます（西洋医学的にも、腎臓が脳に影響を与えることが最近のNHKスペシャルで紹介されていました）。腎虚をお灸で補って、認知症を予防し、足腰をじょうぶにして健やかな毎日を送りましょう。ツボは太谿です。

●心身のバランスをとる呼吸法

心身のバランスをとるのに、呼吸法もたいへん効果があります。昔から「呼吸が整うと気が整い、気が整うと体が整う」と言われてきました。老後の不安や、仕事や介護の疲れ、人間関係のストレスなど、現代社会は気の休まらないことが多くあります。そういうとき、腹式呼吸を行うと、心が落ち着き、体もリラックスしていきます。朝起きる前に行うと、血圧も下がり、快適な一日を送れるでしょう。

① あおむけになり、お腹に片方の手を置く。おなかが膨らむように、鼻からゆっくりと息を吸う。
② お腹がへこむように、口からゆっくりと全部吐ききる。吐くほうに時間をゆっくりかける。
③ 慣れてきたら座って行ってもよい。

最初は短い時間で行い、徐々に時間を延ばしていくとよいでしょう。がんばりすぎず、気持ちよい範囲で行います。

※注意 夜、呼吸法を行うと、脳が活性化して目が冴えて眠れなくなることがあります。朝か日中、あるいは夕方に行うのがよいでしょう。逆に、感情が高ぶったり緊張して眠れないときには、布団に入ってからゆっくりとこの呼吸法を行うと、いつの間にか眠れます。

呼吸法で心が落ち着くと、気持ちが前向きになり、感情をコントロールしやすくなります。その結果、病気になりにくくなり、仮に病気になっても治りが早くなります。自律神経のバランスがとれ、免疫力も高まり、自然治癒力が増していくからです。

一日一回でもリフレッシュタイムをつくり、運動、お灸、呼吸法などで体と心を整えて、老後を元気に過ごしましょう。

わくわくシニアシングルズの声④
……人生の終末期について考えていること

☆「兄弟も親戚もいませんので、独りで死ぬのは確定です。絶対食べていけなくなるから餓死かなぁ……なんて考えています。家を片づけてもらうのに誰か信頼できる人に頼んでおけないのかな、と考えています。弁護士さんとかお願いすればやってくれるでしょうか」（五一歳）

★「子どもたちに後始末を頼むことになるので事前に自分の考えを伝えておきたい。お墓いらない。葬儀も私は必要ないが、残った人の考えでやってもらっていい。後始末にそれなりのお金がかかると思うので、それは別途、子どもたちに渡しておこうと思っている」（六七歳）

☆「葬儀は焼くだけで、戒名もいらないし。胃瘻《いろう》も気管支切開も不要。残る者が自分のことを考えるのが一番です」（五四歳）

★「弟妹に迷惑をかけないように、葬儀社の会員積み立てをしている。終活ノートの準備はまだしていないが、七〇歳をめどに準備が必要かと思う。今は健康で心配ないが、老後はどこに生活拠点をおけばいいか心配。自宅か施設か。ときどき葬儀について弟妹に話している」（六七歳）

☆「お葬式は身内で家族葬。僧侶は不要。実家の墓に入れるよう手配済み」（六〇歳）

★「代々の墓所に入る意志をもっていないということを早めに兄弟等に示すと同時に、亡くなったときに子どもが困らないようにと、ある墓苑と生前契約をし、すでに名前だけは表札一枚の形で彫られている。集合墓（永代供養墓）・遺骨は三三回忌まで安置し、以降合葬する。生前申込み・遺骨の受入も可で、五〇万円未満。最初の契約以降は一切費用がかからないところが気に入って購入しました。これで生きている間の片づけだけ心配していれば済むことになった」（七〇歳）

あとがき

学校を卒業したら、就職し、結婚して子どもを育てる……という生き方が当然のことで、誰でも実現できることだと思い描かれるようになったのは、いつ頃からだったでしょうか。私たちが社会に出た頃は、まだ、そんなイメージはかたまっていませんでしたが、振り返ってみると、多くの人々がそのレールに乗っていたように思います。そして、順調に幹線を進んだ場合、仕事にいそしむ男性と、それを支える女性がつくる核家族は、子どもの教育に力を注ぎ、マイホームをもち、子どもの独立を迎えた後は親の介護にも取り組んで、夫の定年退職後には年金で海外旅行を楽しむことができていました。

こんなホームドラマのような家族が、税と社会保障のモデル——世帯主である男性が専業主婦である妻と子二人を扶養する片働き家族——となっていたと知るのは、ずいぶん後のことでした。そこでは男女の役割り分担が受け入れられ、税には配偶者控除があり、年金では第三号被保険者制度などの行政上のサービスのうえに、所属企業からも手厚い福利厚生が用意されていました。

ところが、時代が進むにつれて、レールに乗っているはずがいつの間にかはずれていたり、レールに乗らずに人生を切りひらこうとする人が増えてきたり、そもそも安心して乗れるレールさえない状況になってきました。「標準」だった家族のかたちは変わり、結婚しない（できない）若年男女は増加しつづけ、高齢シングル女性はすでに四〇〇万人にのぼります。

いずれの道を歩んでも、中高年の坂は同じ頃に訪れます。ふとまわりを見渡すと、前に続く道はかすみ、後ろに引き返す道もない——現在、多くのシニア世代は、少し上の世代が享受できていた「安定した老後」

とはほど遠く、不安のなかを手探りで歩んでいるのだと思います。

私たちは、配偶者なしで生きてきた「孤独」なランナーです。ですが、自分のことは自分で決められる自立したランナー同士です。そして、一人ひとりが友人同士のつながりから縁あって集まり生まれたのが「わくわくシニアシングルズ」です。

「はじめに」にも記されているように、私たちは、二〇一六年に中高年齢シングル女性の生活状況アンケートに取り組んだのですが、その後、翌二〇一七年に「調査報告書」をまとめ、三度にわたる報告会も行ってきました。「報告書」には、座談会形式でそれぞれの思いを語るページをつくりました。この取り組みを通じて、新たに会に加わった人もいます。そして、この本が生まれたのも、報告会に大月書店の角田三佳さんが参加したことが、直接のきっかけでした。

「報告書」は、アンケート結果のポイントを数値とグラフにし、自由記述を箇条書きで詰め込んだものでしたが、角田さんの呼びかけを受けて、シニアシングル女性たちの表情や思いをもうかがえるように、より内容を豊かにして本をつくろう、ということになったのです。多くのメンバーが積極的に寄稿し、結実したこの本には、アンケートに協力してくださったみなさんや、まだ出会っていない高齢期をシングルで生きようとしている人たち、今を必死で生きているシニアシングル女性にも届けたい、とたくさんの思いが詰め込まれています。

アンケート調査を始めようという段階から、知恵と力を惜しみなく出してくださった湯澤直美さん（立教大学）はじめ、多方面でご協力いただいたみなさま、ありがとうございました。

ないないづくしの高齢女性が、それだからこそ見える景色、聞こえる音色、言えることがあるはずと語り合い、力をつくして調べ、知恵を寄せ合って検討し、まとめました。声をあげていけばきっと何か動かせるはずだ、という思いを込めてあとがきとします。

「ひとりと一人もつながれば、知恵と力と笑みがわく」

わくわくシニアシングルズを今後ともどうぞよろしくお願い申し上げます。


竹内三輪（わくわくシニアシングルズ運営委員会）

二〇一八年九月

DTP　岡田グラフ
装幀　金子眞枝
扉イラスト　菊池美香

シニアシングルズ　女たちの知恵と縁

2018年11月15日　第1刷発行

定価はカバーに
表示してあります

編　者　大矢さよ子
湯澤直美

発行者　中川　進

〒113-0033　東京都文京区本郷2-27-16

発行所　株式会社　大月書店

印刷　東港出版印刷
製本　中永製本

電話（代表）03-3813-4651　FAX 03-3813-4656　振替00130-7-16387
http://www.otsukishoten.co.jp/

ISBN978-4-272-35044-5　C0036　Printed in Japan

編者

大矢さよ子（おおや　さよこ）

現在：わくわくシニアシニアシングルズ代表，社会保険労務士

1950年生まれ。大学を中退後，民間会社で働き長女出産・子育てを両立させるも，次女妊娠を機に退職，専業主婦になる。40代で離婚。1級FP技能士などの資格を取得し，子ども2人を育てる。1998年から「しんぐるまざあず・ふぉーらむ」にかかわり，理事などを務める。2014年から現職。主な著書に『Q＆A　実務家が知っておくべき社会保障』（共著，日本加除出版，2014年）。

湯澤直美（ゆざわ　なおみ）

現在：立教大学コミュニティ福祉学部教員

児童養護施設・母子生活支援施設で働きながら，女性に対する暴力や差別の解消のために社会的発信をしたいという思いを強くし，研究・教育の道に転職。2016年4月にNPO法人「学生支援ハウスようこそ」を立ち上げ，児童養護施設で暮らしたのち高卒後に進学する女子学生のための支援付きシェアハウスを運営している。主な著書に『「子どもの貧困」を問い直す――家族・ジェンダーの視点から』（共著，法律文化社，2017年）。

著者

わくわくシニアシングルズ

2014年にした発足したシニア（中高年齢の）・シングル（パートナーと同居していない）女性の集まり。主に関東圏を中心にメーリングリストでの交流や，シニアシングル女性向けのセミナーなどを開催。

「ひとりと一人もつながれば，知恵と力と笑みがわく」がキャッチフレーズ。

住所：〒162-0825　東京都新宿区神楽坂6-38　中島ビル505
（有）ミクロンサポート気付

e-mail：wakusenior@yahoo.co.jp

HP：https://seniorsingles.webnode.jp/

FB：https://www.facebook.com/wakuwakuseniorsingles/

「シングル女性のための もしもし おなやみ相談」

03-3267-6741　毎月第2／4火曜日 18:00～21:00

年金・社会保険，仕事さがし・住まい，親の介護・自分の介護など，暮らしの心配ごとについて，わくわくシニアシングルズの代表はじめ仲間たちが，話をお聴きし，いっしょに解決策を考えます。1回30分くらいまで，相談料は無料。ただし，電話料金はご負担ください。

資料1　困ったときの相談先

困りごと全般：よりそいホットライン　0120-279-338

24時間通話料無料　音声ガイダンスが流れますのでそれに従って相談したいことを選びます。自殺予防・DV・性暴力・セクシュアルマイノリティの専門回線もあります。

法的トラブル：法テラスサポートダイヤル　0570-078374

法テラスの専門オペレーターが，お問い合わせ内容に応じて，法制度や相談機関・団体等を紹介。固定電話からは全国一律３分8.5円（税別）がかかります。受け付けは平日９時～午後９時　土曜日９時～午後５時

消費者トラブル：消費者ホットライン　188

地方公共団体が設置している身近な消費生活センターや消費生活相談窓口を案内してくれます。相談窓口につながった時点から通話料金が発生します。

労働・セクハラ女性専用相談：女性弁護士による働く女性のためのホットライン

毎月第２・４水曜日　午後３時～午後５時
電話番号 03-3251-5364（通話料かかります）
（第４水曜日は相談担当者の事務所に転送されます）

年金相談：最寄りの年金事務所での面談相談

ねんきんダイヤル0570-05-1165（ナビダイヤル）
050の電話からかける場合は03-6700-1165（一般電話）
受付時間　月～金曜日　午前８時30分～午後５時15分
第２土曜日　午前９時30分～午後４時
ただし，月曜日（休日明けの初日）は午後７時まで受付時間を延長
ナビダイヤルは，一般の固定電話からかける場合は，全国どこからでも市内通話料金ですが，一般固定電話以外（携帯電話等）からかける場合は，通常の通話料金がかかります。

介護相談：自治体の介護保険窓口，地域包括支援センター

資料2 「中高年齢シングル女性の生活状況アンケート」調査結果

1. 調査概要

①**調査目的**：

女性の貧困率はどの年代でも男性よりも高く，とりわけ高齢になると拡大していますが，高齢女性の生活の問題はあまり取り上げられることがありません。そこで私たちシニアシングルズの会は50歳以上のシングル女性の生活実態を調査し，中高年齢のシングル女性が，どのような生活上の問題をかかえ，どのような支援を必要としているかを明らかにし，その解決の方策を探るためにこのアンケート調査を実施しました。

②**アンケートの実施方法**：インターネット（スマホやパソコン）調査と，郵送による調査

③**調査対象**：50歳以上のシングルで暮らす女性

1）単身（独身）で生活している方（未婚・非婚，離別・死別後単身など）

2）母子家庭の方，又は母子家庭であった方（未婚・非婚，離別・死別とも）

＊子ども，親，祖父母等と同居している場合も含む

＊子ども等の扶養に入っている場合も含む

＊事実婚やパートナーと暮らしている方は対象としない

④**実施期間**：2016年9月15日～2016年11月15日

⑤**回答者数**：530名

⑥**設問**：全30問（回答内容は，2016年9月1日現在の生活状況）

⑦**実施団体**：わくわくシニアシングルズ／協力・湯澤直美（立教大学コミュニティ福祉学部）

「中高年齢シングル女性の生活状況アンケート」調査結果

2. 回答者プロフィール

①年齢（N=530）

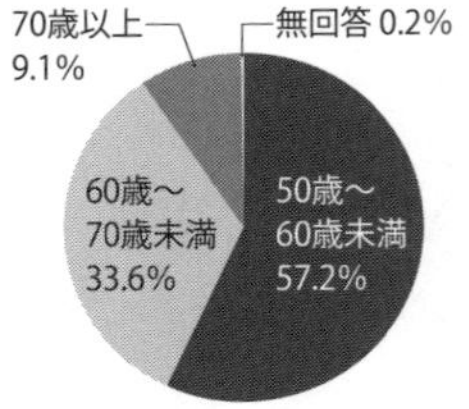

50代が303人（57.2%），60代が178人（33.6%），70歳以上が48人（9.1%）

②世帯類型（N=530）

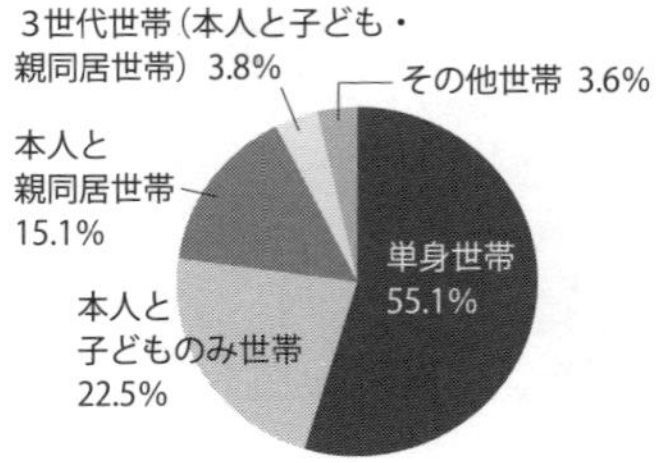

単身世帯が292人（55.1%），本人と子どものみ世帯119人（22.5%），本人と親同居世帯が80人（15.1%），3世代世帯が20人（3.8%）

③シングルである事情（N=530）

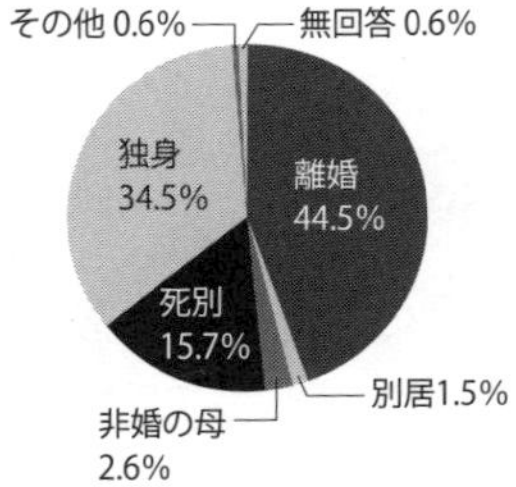

離婚が236人（44.5%），独身が183人（34.5%），死別が83人（15.7%），非婚の母が14人（2.6%）

3. 住居（N=530）

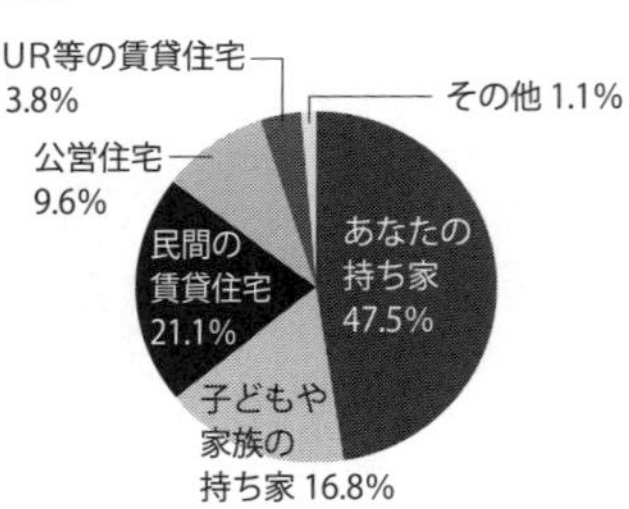

持ち家率が高く（死別の80.7%），単身のため公営住宅は少ない

資料2

「中高年齢シングル女性の生活状況アンケート」調査結果

4. 預金・有価証券（N=530）

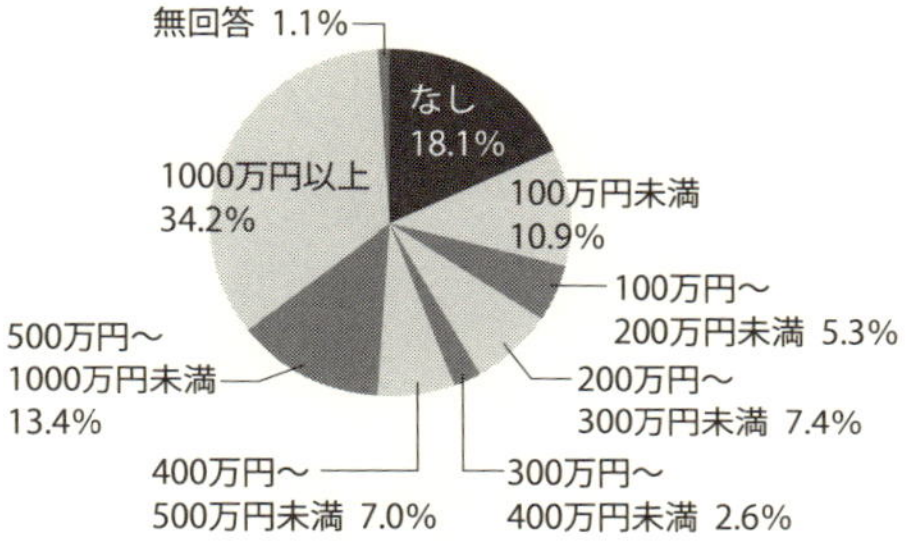

最多は「1000万円以上」だが，次点が「預金なし」と資産状況が二極化している。50代では20.1%と5人に1人が「預金なし」

5. 就労・雇用

①就労状況（N=530）

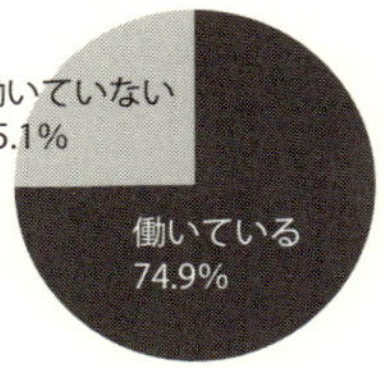

就労率は74.9%（397人）と高く，50代では87.1%，60代でも69.7%。

②雇用形態（N=397）

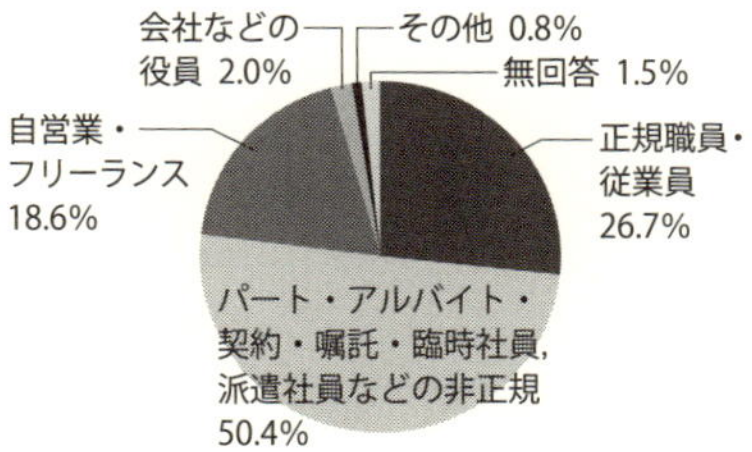

非正規雇用率が半数を超えている

③50代雇用形態（N=264）

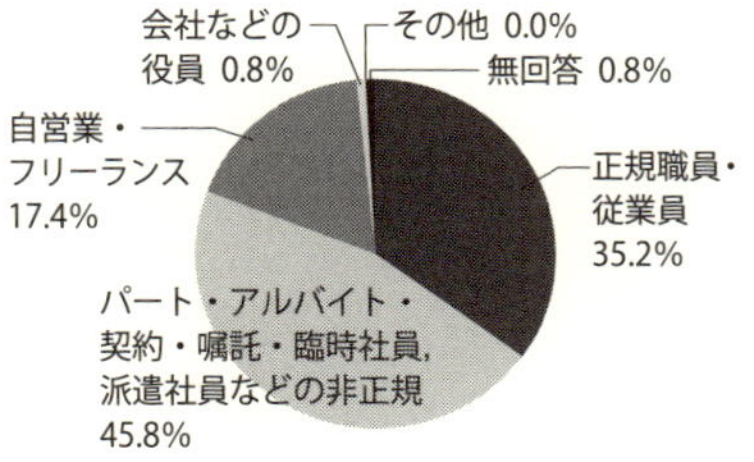

現役世代の50代でも正規雇用よりも非正規雇用が10ポイント以上多い

④60代雇用形態（N=124）

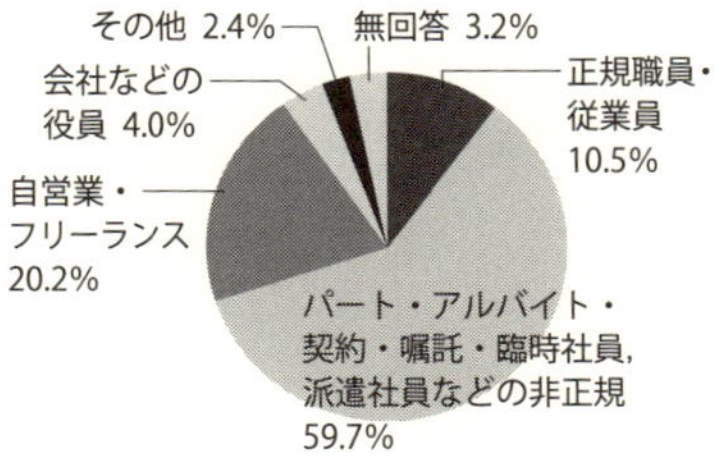

60代になると非正規が増加し，正規・非正規の差が49ポイントに拡大する

資料2

「中高年齢シングル女性の生活状況アンケート」調査結果

6. 収入（2015年度）

①就労収入（税込み）(N=397)

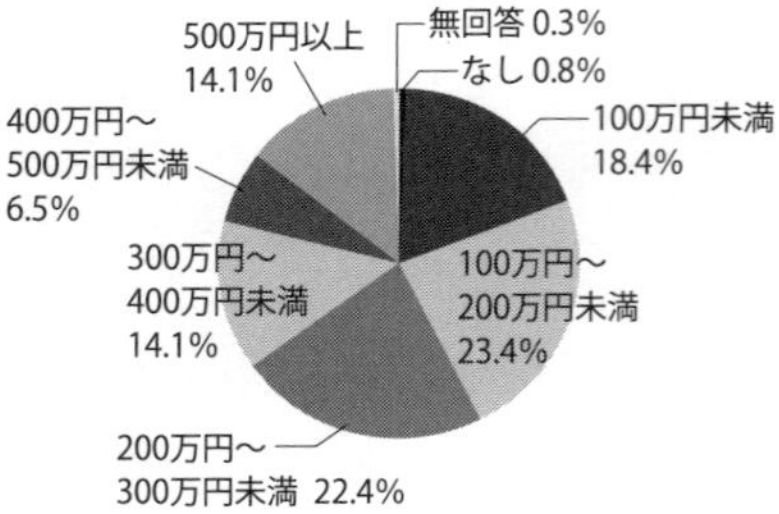

300万円以上の収入は34.7%にとどまり，
全体に就労収入は低い

②正規雇用者の収入 (N=106)

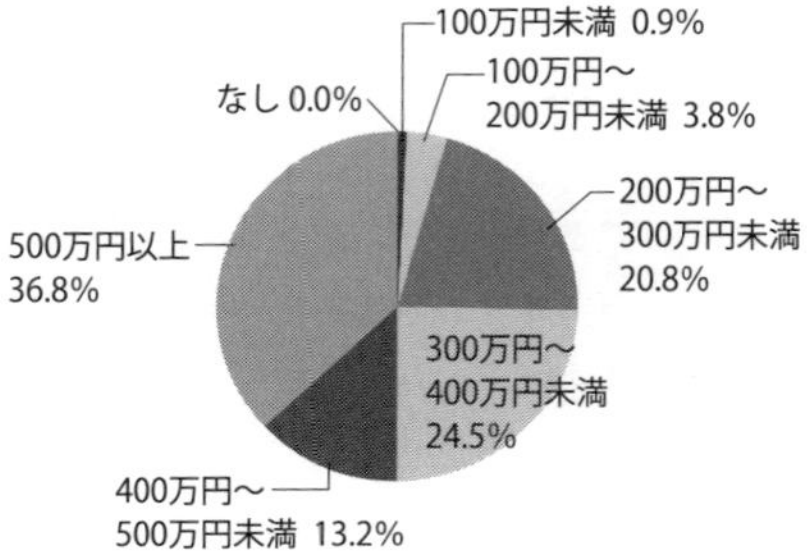

300万円以上の収入が74.5%

③非正規雇用者の収入 (N=200)

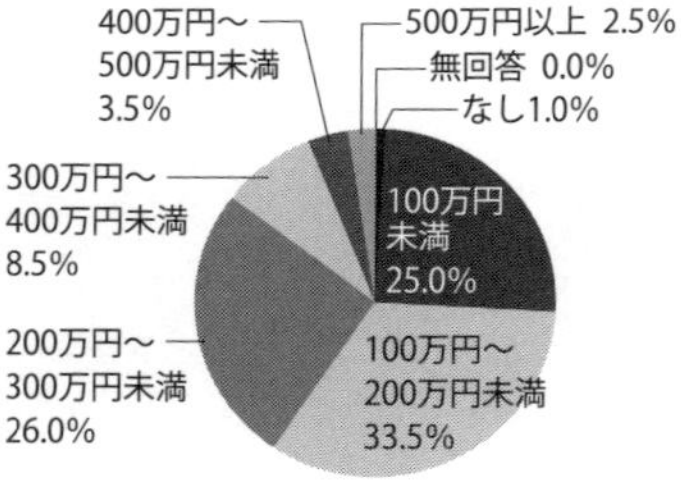

300万円以上の収入は14.5%にすぎない

④自営・フリーランスの収入 (N=74)

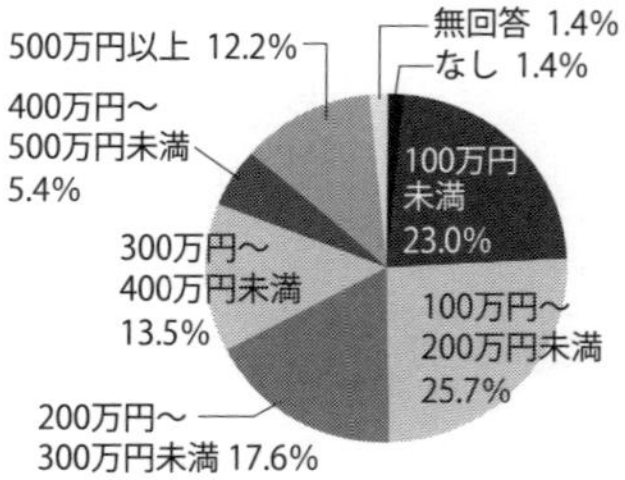

300万円以上の収入は31.1%と非正規よりも多いが，300円未満も66.3%と多い

⑤いつまで働かないといけないと思うか？ (N=397)

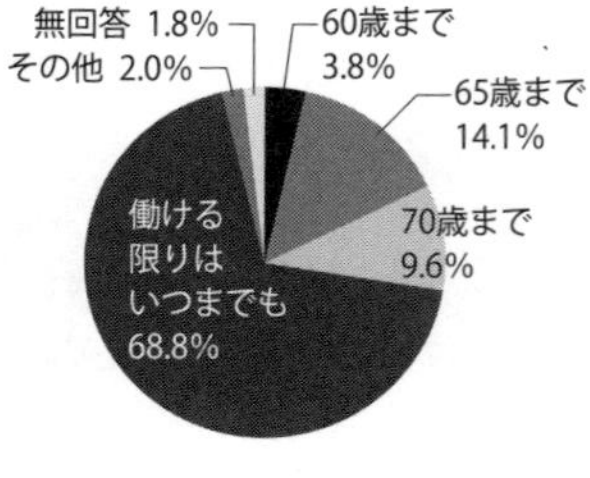

「働ける限りはいつまでも」が68.8%と
圧倒的多数を占める

〈自由記述より〉

- 現在，非正規での仕事を短期でつないでいます。仕事のあるときには，１日に10時間，休憩15分でも，喜んで引き受けてきました。（50代　離婚）
- ひと月フルに働いても，手取りが11～14万位で，特に贅沢もしていないのにひと月暮らせません。せめて生活できる収入が欲しいです。（50代　離婚）
- パートで働くシングルマザーです。パートでも生活できる収入が得られるよう最低賃金をあげてほしいです。（50代　離婚）
- 女性の仕事はパート・派遣などの非正規しかない。低賃金で生活できない。非正規雇用の人が生活できるような賃金にしてほしい。年金も，働いてきても生活保護と同じぐらいなので，身体がくたばるまで働かないといけない。病気したらお終いと思う社会はおかしいと思う。（60代　離婚）

7. 年金（N=145）

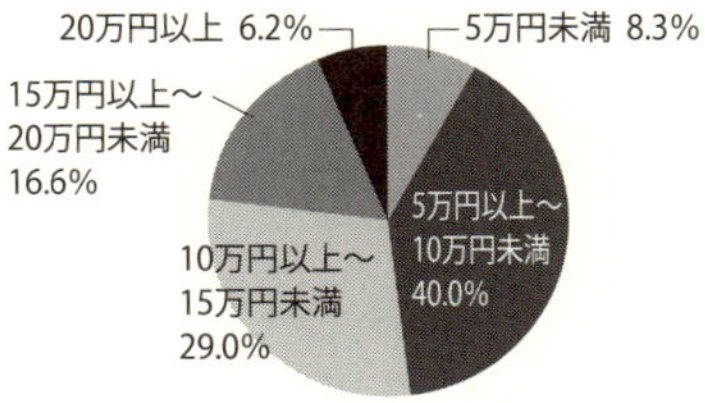

公的年金を受給している145人（65歳以上）のうち48.3%（70人）が月額10万円未満にすぎない

〈自由記述より〉

- 30代で離婚してから，パートを常時２，３か所掛け持ちして働き，３人の子どもを育ててきました。厚生年金と国民年金も未納なく納めてきましたが，65歳で支給されている年金は月額９万円未満。（60代　離婚）
- 年金から介護保険と国民健康保険を引いたら，２ヶ月で５万ちょっと。離婚したから寡婦控除はない。（60代　離婚）
- 55歳で夫と死別，65歳を過ぎても自分の公的年金と遺族年金を受けたい。65歳から自分の年金を選んだ方が良いと社会保険事務所で言われたが，少なすぎる。生活保護並みの受け取りになる。（60代　死別）

8. 暮らし向き・健康

①現在の暮らし向き（N=530）

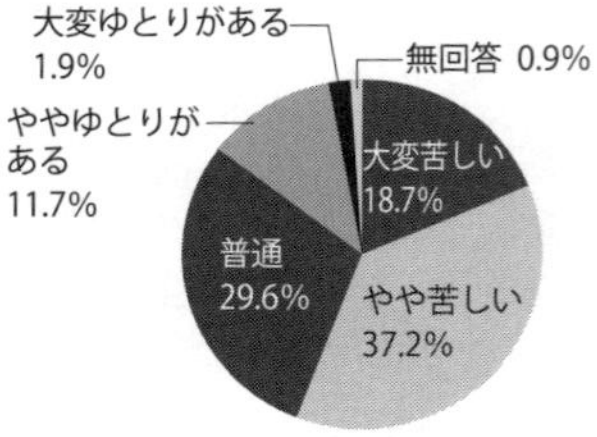

「大変苦しい・やや苦しい」は合わせて55.9%

②健康状態（N=530）

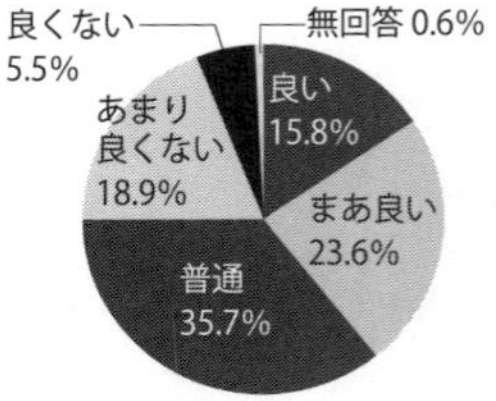

「良い・まあ良い」が39.4%，「普通」が35.7%，
「良くない・あまり良くない」が24.4%

③日常生活の不安（N=530　複数回答）

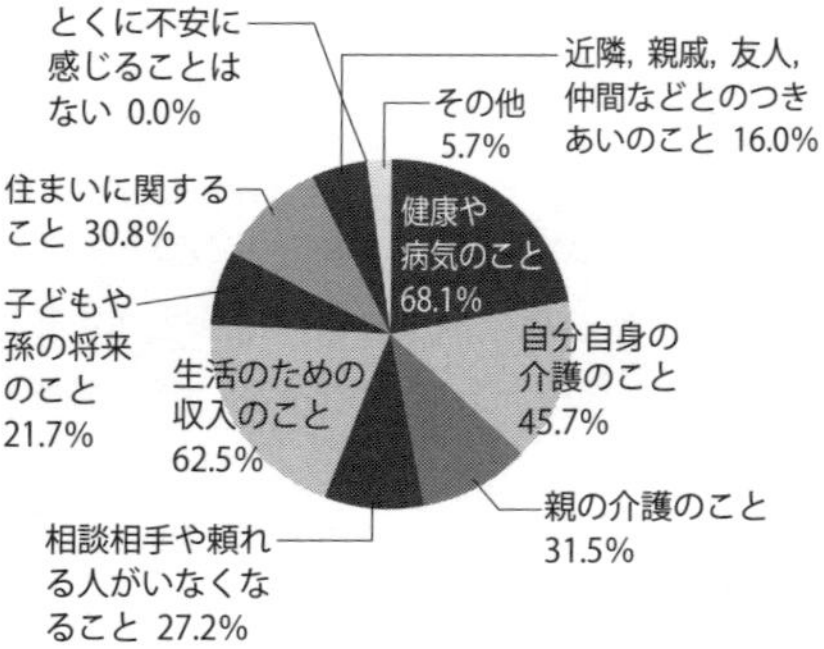

「健康・病気」「介護（自身・親）」「収入」が
三大不安

④今の生活ができる期間（N=530）

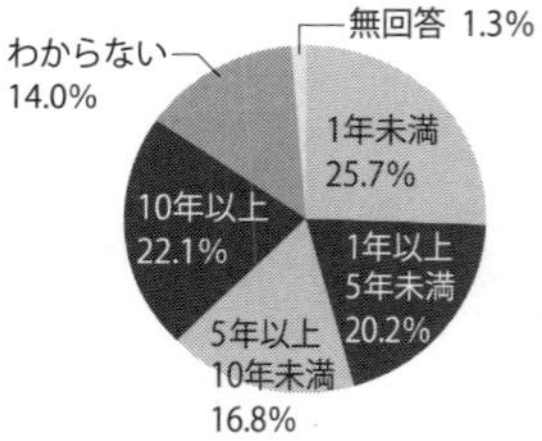

「1年未満」が25.7%である一方，「10年以上」も22.1%。預金・有価証券の保有が二極化していることの反映だろう

資料2

「中高年齢シングル女性の生活状況アンケート」調査結果

⑤生活がたちゆかなくなった場合どうするか？（N=530　複数回答）

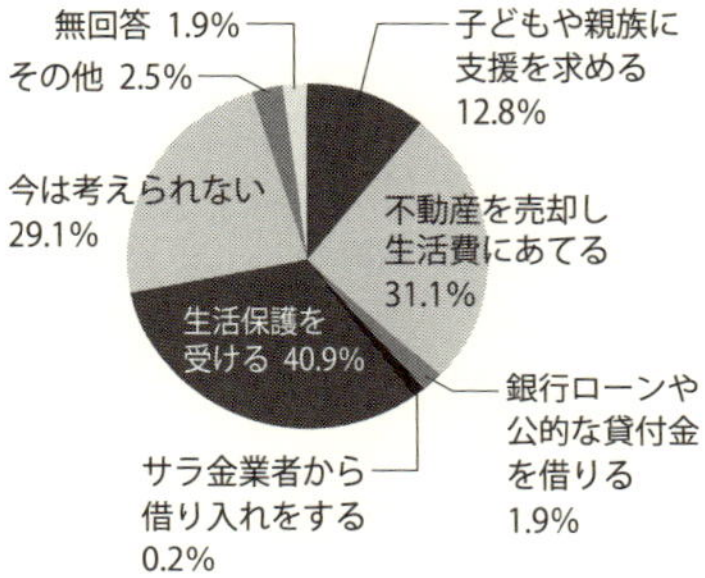

「生活保護を受ける」が最多だが，「その他」を選んだ人のコメント欄には，「そうなる前に死ねることを切望している」「長生きしたくない」といった切実な声も

⑥介護が必要になり自宅で暮らせなくなったときどうするか？（N=530）

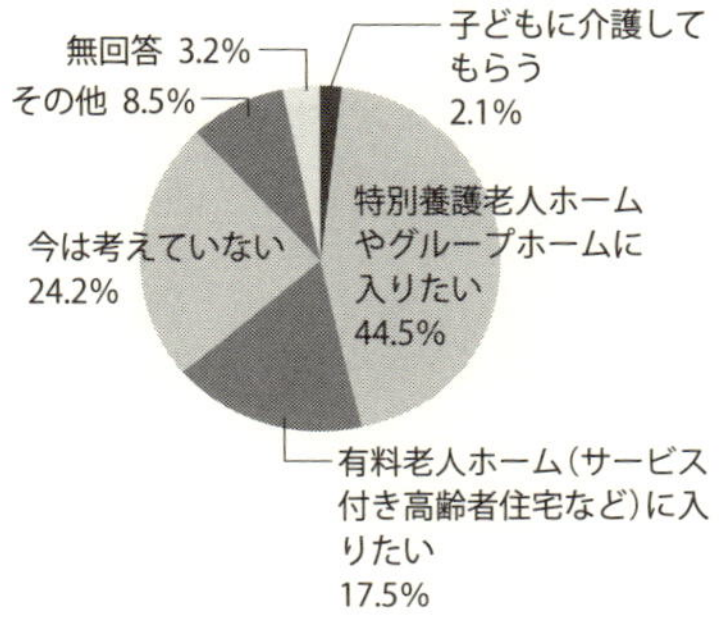

「その他」を選んだ人のコメント欄には，「死にたい／死にます」（5名），「自殺する」（3名）などの声も

〈自由記述より〉

- 生活のために無理な仕事を続けた結果，がんになり仕事を辞めました。無年金の両親を抱え治療を続けながらやっと月数万円のパートの仕事を見つけ，預貯金を取り崩しながら生活をしています。その預貯金も自分の老後のためにコツコツと貯めたお金ですが，60歳を迎える前に底をつきそうです。（50代　独身）
- 年をとるごとに健康のことが心配になります。今の年金だけでは税金を払うと生活費はいくらも残りません。病気になったらわずかな貯えなどあっという間になくなってしまう。その後のことを考えると不安。（60代　独身）

9. シングル女性が安心して暮らせるために必要なこと (N=530　複数回答)

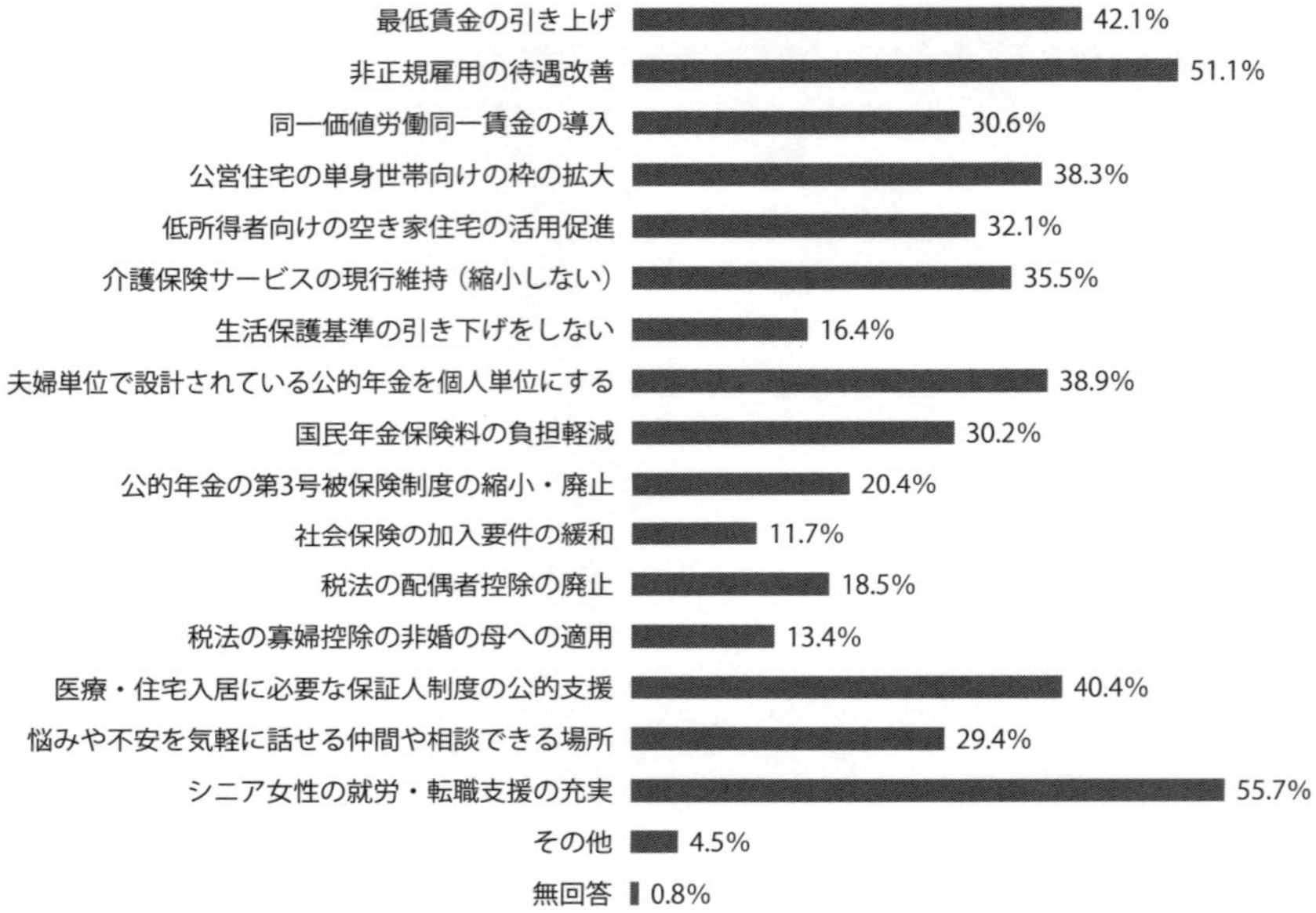

〈自由記述より〉

- 子どもの教育費にお金がかかります。低所得世帯への給付型奨学金あるいは返済期間を緩和してくださる奨学金制度を一日も早く制定してください。(50代　離婚)
- 親の介護のために退職し，現在に至ります。介護や育児を無理なく続けながら生活できる社会を望みます。(60代　独身)
- 今後の健康問題が気がかりです。介護制度をこれ以上悪くしないで欲しいです。(60代　死別)
- 若い人や子どもたちが将来に希望が持てない状況を憂いています。自分の子どももまだ独身ですが，「結婚して子どもを産み育てていきなさい」とは言えません。(60代　死別)
- 単身世帯の数がかつてないほど増加しているのに，肝心の国が，未だに「家族ありき，家族間の相互扶助」を前提とする政策を進めているように感じられます。時代に逆行していると思います。(50代　独身)
- 老後シニア女性が連携できる集まれる場所，相談できる場所を作ってほしい。(50代　独身)

- 子どもが居ないので，老後の生活環境などの手続きなど，相談できる人がいないので不安。老後の安心できる社会を……。（50代　死別）
- どんな生き方を選んでも安心して生きていけるような制度がほしいです。離婚は自分の選択だから貧困は自己責任だと切り捨てられると自己肯定できなくてしんどくて……。（60代　離婚）